C=O
NH2
CH3-CH2-CH2-CH3
CH3-COO
NO2
Al(OH)3 → Al2O3 + 3H2O
CN
CN
CH3C=O
NH2

위험한 세균과 바이러스

대한과학진흥회 엮음

스완미디어
SWAN MEDIA

책 머리에

오늘날 우리들은 고도로 발달된 과학 문명의 혜택 속에 살고 있습니다.

우리의 선진 조국 창조를 위해 무엇보다 중요한 것이 과학기술의 개발입니다. 특히 자원이 부족한 우리나라에서 가꾸어야 할 유일한 자원은 과학 기술로 무장한 풍부한 인력 자원입니다.

대한 과학 진흥회에서는 배우는 학생들을 위해 사물을 깊이 관찰하는 습관과 합리적이고 창의적인 과학적 사고를 심어 주기 위한 방법의 하나로 과학 문고를 엮어 내고 있습니다.

과학 문고를 펴냄에 있어서 딱딱한 과학지식을 그림을 곁들여 쉽고 재미있게 이야기로 풀어 써서 학생들이 스스로 원리를 발견하고 재미를 느끼게 함으로써 과학의 여러 분야에 대하여 흥미를 갖고 접근할 수 있도록 하였습니다.

이 책과 더불어 많은 학생들이 과학에 깊은 관심을 갖고 탐구심과 창의력을 기르며 과학을 생활화 할 줄 아는 사람이 되는데 많은 도움이 되었으면 하고 바라는 마음 간절합니다.

기획편찬 **대한과학진흥회**

차례

지구촌의 생물들_ 10

보이지 않는 생물_ 24

신기한 곰팡이의 세계_ 40

전염병은 왜 생길까요?_ 52

세균의 적_ 70

감기는 왜 걸릴까요?_ 90

바이러스가 일으키는 병_ 100

백신과 예방_ 116

바이러스와 암_ 124

지구촌의 생물들

우리 주변에는 많은 생물들이 있습니다.

창가에 놓아 둔 화분에서는 봉숭아가 쑥쑥 자라고, 어항 속에서는 금붕어가 즐겁게 헤엄을 치고 있습니다.

파랗고 높은 하늘에는 독수리가 날아다닙니다.

전깃줄 위에는 참새들이 떼지어 앉아서 재잘거립니다.

이처럼 살아서 숨쉬고 있는 것을 모두 통틀어 생물이라고 합니다.

화분에서 자라고 있는 봉숭아도 분명히 살아 있습니다.

그러나 봉숭아는 스스로 움직이지는 못합니다.

다만 하루가 다르게 쑥쑥 자라납니다. 생명이 있기 때문이지요.

어항 속에 있는 금붕어도 살아 있습니다.

금붕어가 어항 속을 헤엄쳐 다니는 것만으로도 우리는

금붕어가 살아 있구나 하는 것을 알게 됩니다. 이처럼 생명이 있는 것들을 생물이라고 합니다. 사람도 생물입니다. 화분에서 쑥쑥 자라나고 있는 봉숭아도 생물입니다.

식물은 뿌리로 영양분을
섭취하고 햇빛을 받아
필요한 영양분을 만들어 냅니다

길가에 심어져 있는 가로수도 생물이고, 잔디도 생물입니다. 잔디밭에 있는 잡초도 생물입니다. 민들레도 생물이고, 장미도 생물입니다.

우리가 맛있게 먹는 시금치도 생물입니다.

생물은 크게 동물과 식물로 나눠집니다.

봉숭아나 민들레, 장미, 시금치, 소나무 같은 것들을 통틀어 식물이라고 부릅니다.

식물은 분명히 살아 있지만, 스스로 움직이지는 못합니다.

그러나 식물에게는 살아가기 위한 특수한 방법이 있습니다.

식물은 땅에 묻혀 있는 뿌리로 영양분을 섭취합니다.

또한 식물은 잎을 통하여 햇빛을 받아 스스로 필요한 영양분을 만들어 냅니다.

이러한 방법이 있기 때문에 식물은 사람처럼 밥을 먹지 않아도 살아갈 수 있습니다.

이번에는 우리 사람을 생각해 봅시다.

사람은 코와 입을 통해서 숨을 쉽니다.

사람은 식물과는 달리 자기 스스로 이곳 저곳으로 움직일 수 있습니다.

푸른 풀밭을 힘껏 뛰어다니는 메뚜기는 어떨까요?

메뚜기도 역시 생물입니다.

어항 속을 헤엄쳐 다니는 금붕어도 생물입니다.

드넓은 바다를 유유히 헤엄쳐 다니며 시원하게 분수를 뿜어 올리는 고래도 역시 생물입니다.

그렇다면 사람이나 메뚜기, 금붕어, 고래 같은 생물들의 특징은 무엇일까요?

이러한 생물은 스스로 움직일 수 있다는 점이 식물과 다릅니다.

스스로 움직일 수 있는 생물을 동물이라고 하는데, 이 모든 생물은 직접 우리의 눈으로 볼 수 있습니다.

하지만 이들 생물이 아닌, 우리가 눈으로 직접보지 못하는 생물도 있습니다.

이러한 생물들은 크기가 아주 작기 때문에, 우리가 그냥 맨눈으로 보아서는 찾아 낼 수 없습니다.

이런 생물들을 보려면, 우리는 현미경을 사용해야 합니다.

이처럼 눈으로 볼 수 없는 아주 작은 생물들은 동물인지 식물인지도 쉽게 구별할 수 없습니다.

매우 작은 생물들인 이들은 동물의 특징과 식물의 특징을 모두 지니고 있기 때문입니다.

이렇게 작은 생물들을 미생물이라고 합니다.

미생물에는 세균, 곰팡이, 박테리아 같은 것들이 있습니다.

미생물은 인간에게 유익한 일을 해 주는 종류도 있지만, 해로운 일을 하는 종류도 있습니다. 이들 미생물에 대하여 자세히 알아보고 이들이 어떤 일을 하는지를 살펴보도록 하겠습니다.

눈으로 직접 볼 수 없는 작은 생물인 미생물에게도 물론 생명이 있습니다.

그러면 생명이란 무엇일까요?

생물은 모두 태어나서 살다가 죽습니다.

태어나서 죽기 전까지, 생물을 살게 하는 힘이 바로 생명입니다.

우리가 숨을 쉴 때는 목을 통해서 공기를 몸속으로 들여보내고, 몸속에 들어 있는 나쁜 공기는 밖으로 내보냅니다.

그래서 사람이 죽으면, “숨을 거두었다”라고 말합니다.

그러면 살아 있는 상태와 죽어 있는 상태는 어떻게 구별해야 할까요?

오랫동안 청소하지 않은 집을 가 본 적이 있나요? 그런 집의 구석구석에는 거미줄이 많이 있습니다.

거미줄에는 반드시 집 주인인 거미가 한 마리씩 매달려 있게 마련입니다.

거미줄에 매달려 있는 거미는 거의 대부분 움직이지 않고 가만히 있을 것입니다.

죽은 척 하는 것이지요.

만약 거미가 움직인다면, 먹이가 될 만한 벌레들은 절대로 거미줄 근처엔 다가오지 않을 것입니다.

그래서 거미는 먹이가 거미줄에 걸릴 때까지 참을성 있게 움직이지 않고 기다리는 것입니다.

만약 거미줄에 매달린 거미가 오랜 시간 움직이지 않았다면, 그 거미는 혹시 죽었을는지도 모릅니다. 오랫동안 먹이를 먹지 못했기 때문이지요.

하지만 어떤 생물이 움직이지 않는다고 해서, 그 생물을 죽었다고 말하지는 않습니다.

죽은 척하고 있는 거미가 사실은 먹이를 꾀어내기 위해

서 연극을 하고 있는 경우도 있으니까 말이에요.

사람의 예를 살펴보겠습니다.

"부르릉, 부르릉, 쌔앵-."

고속도로를 아주 빠른 속도로 달리는 자동차가 있다고 생각해 봅시다.

운전사의 눈앞에 커브길이 나타났습니다.

하지만 자동차의 속도는 줄어들 줄을 모릅니다.

"와장창, 쾅!"

자동차 부서지는 소리가 요란하게 울려 퍼졌습니다.

속도를 줄이지 않고 커브길을 돌던 자동차가 그만 낭떠러지 아래로 굴러 떨어지고 만 것입니다.

운전사는 정신을 잃은 채 축 늘어져 있습니다.

순식간에 사람들이 모여들었습니다.

"삐뽀-, 삐뽀-, 삐뽀-."

앰뷸런스도 급히 달려왔습니다.

사람들은 정신을 잃은 운전사를 급히 병원으로 옮겼습니다.

운전사는 죽었는지 살았는지 아직 구별할 수도 없습니다.

사고 당한 운전사를 태운 앰뷸런스는 곧 병원 응급실 앞에 도착했습니다.

급히 연락을 받고 달려온 의사 선생님은 침착하게 운전사의 상태를 검사하기 시작합니다.

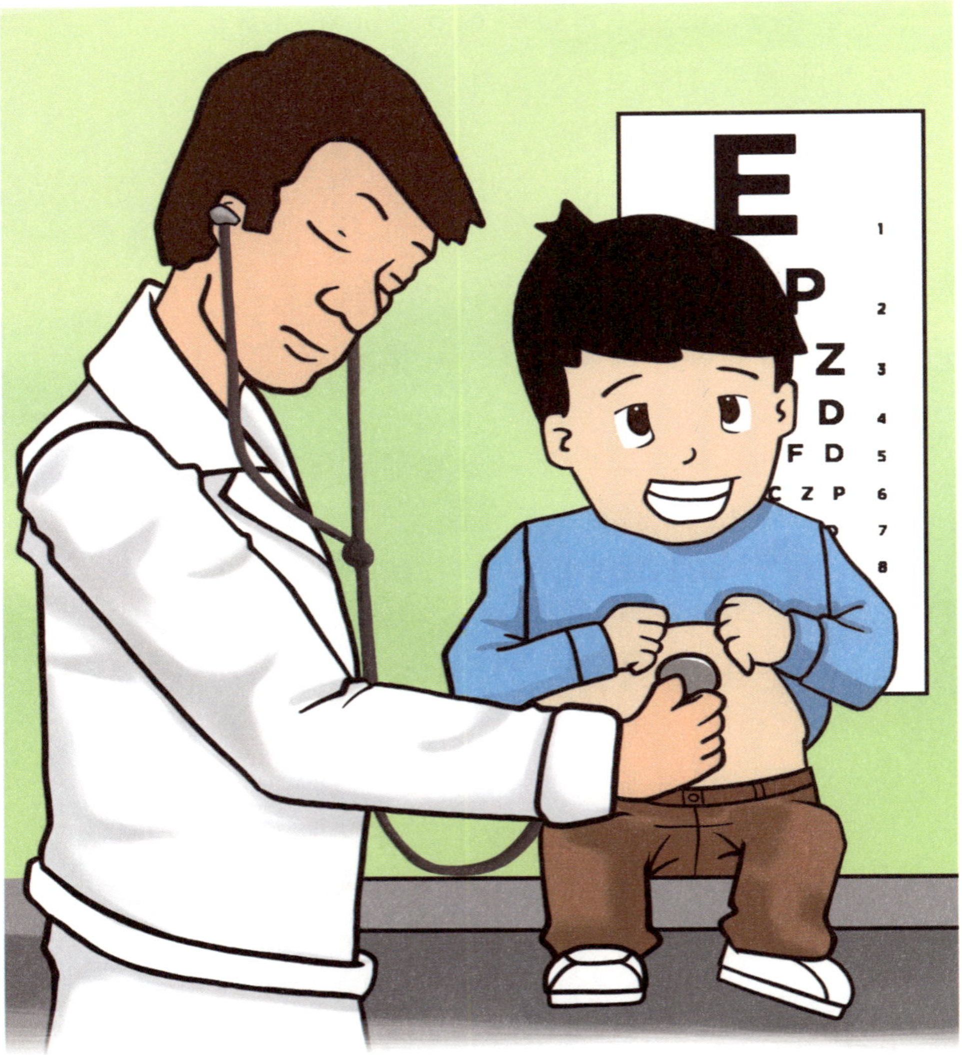

의사 선생님은 운전사의 맥박을 재고, 심장이 뛰는지를 검사합니다.

또한 회중전등을 눈에 비추면서 눈동자가 어떻게 변하는지 살펴봅니다.

모든 검사를 마친 의사 선생님은 잠시 생각에 잠겨 있다가 마침내 고개를 설레설레 저었습니다.

살아나기 힘들다는 뜻이지요.

의사 선생님이 환자의 상태를 판단하기 위해서 검사한 것은 ① 숨 쉬는 상태와 ② 심장의 움직임상태, 그리고 ③ 눈동자의 상태입니다.

이 세 가지가 제대로 활동하지 않는다는 진단이 내려지면, 그 사람은 죽었다고 판단합니다. 죽었다는 것은 생명이 없어져 버렸다는 것입니다.

즉, 더 이상 살아 움직이는 생물이 아니라는 뜻이지요.

죽은 생물의 몸은 땅에 묻히게 됩니다.

그리고 나서 얼마만큼의 시간이 흐르면, 땅 속에 묻힌 죽은 생물의 몸은 점점 형태가 없어져 버립니다.

세균이나 박테리아 같은 우리의 눈으로 직접 볼 수 없는 아주 작은 미생물들이 죽은 생물의 몸을 분해하기 때문입니다.

아주 오랜 세월이 흐른 뒤에는 어떻게 될까요?

땅에 묻힌 죽은 생물의 몸은 형체도 없이 고운 가루가 되어 흙과 함께 섞여 버립니다. 흙으로 돌아가는 것이지요.

이처럼 미생물들이 생물의 시체를 분해하는 것을 한 마디로 "썩는다"라고 합니다.

만약 미생물들이 생물의 시체를 분해하지 않는다면 어떻게 될까요?

즉, 생물의 시체가 썩지 않으면 어떻게 될까요?

우리가 살고 있는 지구는 온통 생물들의 시체 투성이가 되어 버릴 것입니다.

아주 오랜 옛날부터 많은 생물이 태어나서 살다가 죽어갔기 때문입니다.

그 수많은 생물들의 시체가 썩지 않고 땅 속에 묻힌 채로 그대로 있다면, 지구는 더 이상 생물이 살 수 없는 별이 되어 버렸을 것입니다.

그러므로 눈으로 볼 수조차 없는 보잘것없는 미생물이지만, 그 미생물들이 하는 일은 생물이 살아가는 데에 무척 중요한 역할을 한다는 것을 알 수 있습니다.

우리가 살고 있는 이 세상에서는 눈에 보이는 생물과 눈에 보이지 않는 생물이 각자 서로가 할 일을 잘 해 내어야만 합니다. 하지만 요즘은 그것이 잘 지켜지지 않고 있습니다.

공해 문제가 바로 그 원인 중의 하나입니다.

땅 속에 묻힌 비닐 봉투 같은 것들은 썩지 않고 몇 백 년 동안이나 그대로 있기 때문에, 우리가 살고 있는 지구를 위험 속으로 몰아넣고 있습니다.

썩지 않는 비닐봉투가 땅 속에 묻혀 있으면, 땅에서 영양을 공급받는 식물들이 필요로 하는 영양분을 제대로 받아

들일 수 없습니다.

아무리 생물의 시체를 잘 분해하는 미생물들이지만, 비닐봉투 같은 화학물질을 분해할 수는 없습니다.

그러므로 비닐봉투처럼 썩지 않는 물건은 될 수 있으면 사용하지 말아야 합니다.

또한 비닐봉투를 사용했더라도, 다 쓰고 난 다음에는 땅속에 묻지 말고 정해진 장소에 가지고 가서 버려야 합니다.

우리의 눈으로 볼 수 없는 갖가지 미생물들은 땅속뿐만 아니라 강이나 바다, 시냇물 속에서도 살고 있습니다.

강이나 바다, 시냇물 속에서 살고 있는 미생물들도 역시 땅에서 살고 있는 미생물들과 같은 일을 합니다.

물에서 살고 있는 미생물들은, 물속에 있는 쓰레기 성분을 먹어 치우는 일을 합니다.

그러나 우리들의 집에서 흔히 사용하고 있는 슈퍼타이나 퐁퐁 같은 세제들이 하수구를 통해서 강이나 바다로 흘러 들어가면서부터, 물속에 사는 미생물들은 점점 죽어가고 있습니다.

세제 속에 들어 있는 독성 때문에 미생물들이 살아갈 수 없게 된 것입니다.

그러므로 될 수 있으면, 세제와 같은 화학제품은 사용하지 않는 것이 좋습니다.

꼭 사용해야 할 경우에는, 적당한 양 만큼만 알뜰하게 사용해야겠지요.

미생물은 사람의 몸속에도 있습니다.

요구르트 속에 들어 있는 유산균은 우리의 몸속에서 소

화를 도와줍니다.

이처럼 미생물은 우리의 눈이 볼 수 없는 곳에서 여러 가지 좋은 일을 하고 있습니다.

하지만 병을 일으키는 나쁜 미생물도 있습니다.

사람을 포함한 동물에게 병을 앓게 하는 세균 및 바이러스들입니다.

병을 일으키는 미생물들은 공기를 통해서 다른 사람에게 옮겨가기도 하고, 동물들에 의해 여러 곳으로 옮겨지기도 합니다.

이렇게 세균이나 바이러스에 의해서 퍼지는 병을 전염병이라고 하지요.

그러면 지금부터 우리의 눈으로 볼 수 없을 만큼 아주 작은 미생물에 대해서 자세히 알아보도록 합시다.

보이지 않는 생물

요구르트를 먹어 보았나요?

아마 요구르트를 먹어 보지 않은 사람은 거의 없을 것입니다.

요구르트 안에는 젖산균이 들어 있습니다.

우리의 몸속에는 여러 가지 내장이 있습니다.

동물의 몸에 들어 있는 내장 속에는 아주 작은 미생물들이 살고 있습니다.

내장 속에 있는 미생물 중에는 사람이나 동물에게 유익한 일을 해 주는 세균이 있습니다. 또한 사람이나 동물을 해치는 나쁜 세균들도 있습니다.

요구르트를 먹으면, 우리의 몸속에 들어 있는 나쁜 세균들이 죽습니다.

요구르트 속에 있는 유산균이 우리의 몸속에 있는 장으로 들어가면, 젖산이라는 물질이 만들어집니다.

장 속에 있는 나쁜 세균들은 이 젖산을 먹고 힘을 잃어 죽게 됩니다.

사람이나 동물의 몸속에서 사는 세균들은 크기가 아주 작습니다. 우리의 눈으로는 직접 이 세균들을 볼 수 없습니다.

광학 현미경이나 전자 현미경을 통해서 보아야만 이 세균들의 모양을 볼 수 있습니다.

이처럼 사람의 눈으로 볼 수 없는 세균도 미생물의 한 종류입니다.

세균은 사람의 몸속뿐만 아니라, 우리가 살고 있는 곳이라면 어디에나 있습니다.

세균이 가장 많이 있는 곳은 땅입니다.

또한 공기나 물에도 있습니다.

사람의 몸속에도 세균이 있고, 다른 동물이나 식물의 몸속에도 세균이 살고 있습니다.

그러나 세균의 크기가 너무 작기 때문에 우리는 우리 몸에 있는 세균도 볼 수가 없습니다.

미생물 중의 하나인 세균에는 무서운 병을 일으키는 것들이 많습니다.

그러나 세균이라고 해서 반드시 인간에게 병을 일으키는 것은 아닙니다.

오히려 우리의 생활에 도움을 주는 세균도 있습니다.

또한 남에게 이익도 주지 않고, 피해도 끼치지 않는 세균들도 있습니다.

세균은 아주 종류가 많습니다.

인체에 해로운 병원균의 종류

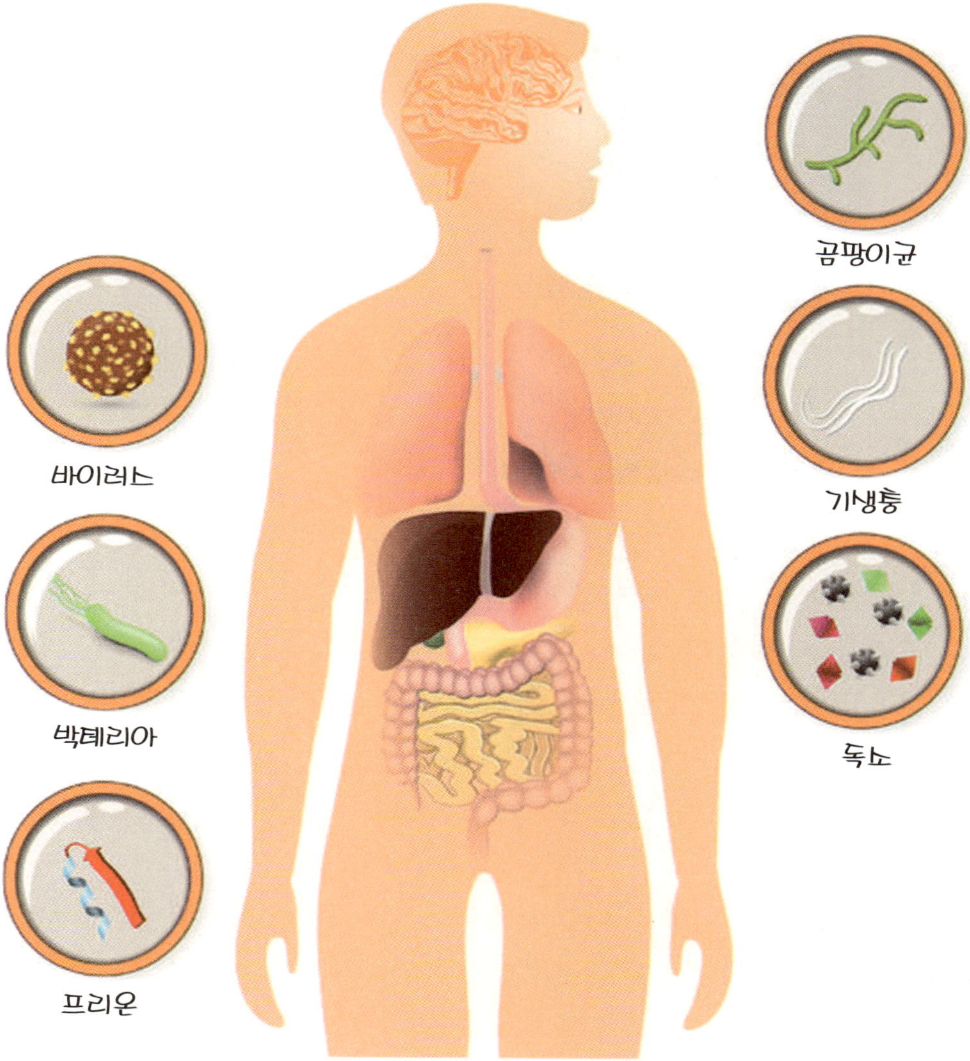

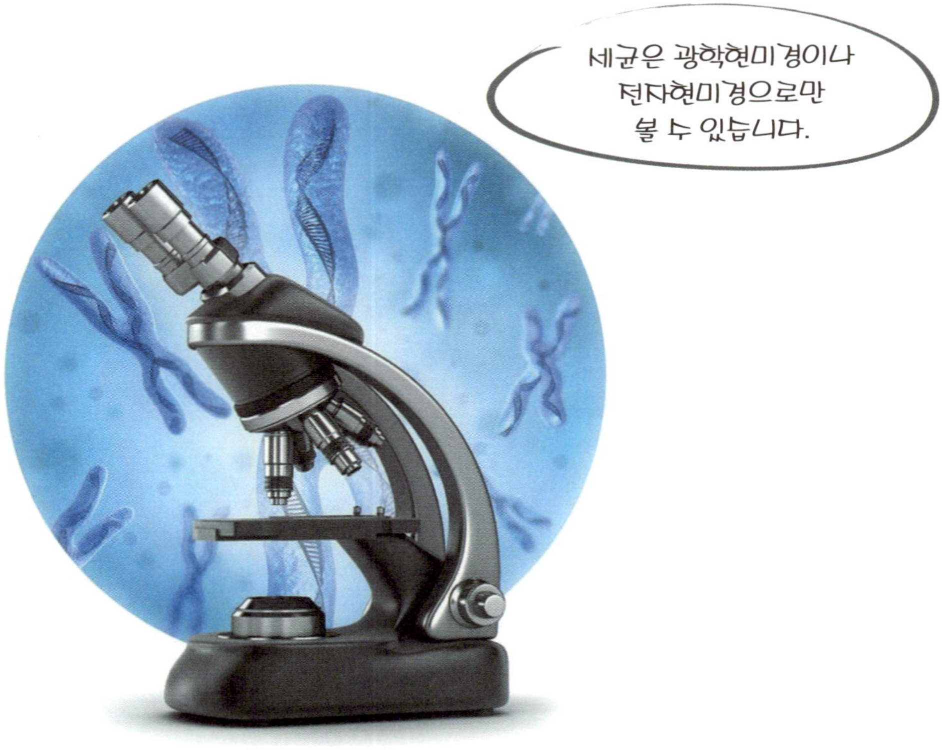

생김새도 무척 다양합니다. 세균의 생김새를 알려면 현미경을 사용해야 합니다.

세균은 그 생긴 모양에 따라 모두 이름이 붙어있습니다.

공처럼 생긴 세균은 코쿠스라고 합니다.

짧은 막대 모양을 하고 있는 세균은 스피릴룸이라고 합니다.

아주 작은 크기의 세균이지만, 세균들이 수없이 많이 모여 덩어리를 이루면 우리 눈으로도 직접 볼 수 있게 됩니다.

이러한 세균 덩어리를 콜로니라고 합니다.

과학자들은 세균을 연구하기 위해서 일부러 세균을 기릅니다.

처음에는 보이지 않던 세균들이 점점 시간이 흐름에 따라 뿌옇게 그 모습을 나타냅니다.

그러나 이것은 세균의 몸이 자라나기 때문이 아닙니다. 세균의 숫자가 점점 늘어나서 커다란 덩어리로 엉겨 붙기 때문에 생기는 현상입니다.

세균의 숫자가 늘어나는 데에 걸리는 시간은 종류에 따라 조금씩 다릅니다.

동물의 몸속에서 사는 대장균이나 무서운 콜레라를 옮기는 콜레라균은 10분마다 새로운 세균들을 만들어 냅니다.

세균의 증식

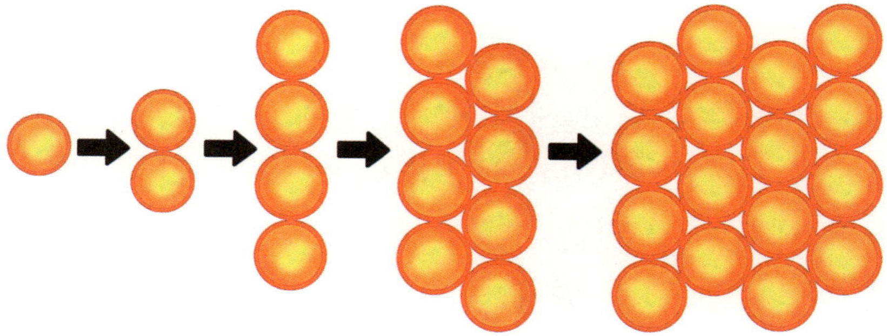

하나의 세균이 10분 뒤에는 두 개가 됩니다. 다시 10분이 흐르면 두 개의 세균이 각각 또 하나씩을 만들어 내기 때문에 네 개의 세균이 됩니다.

또 10분이 흐르면 세균의 숫자는 몇 개나 될까요?

다시 10분이 흐른 뒤에는 여덟 개의 세균이 됩니다. 네 개의 세균이 새로운 세균을 각각 또 하나씩 만들어 내었기 때문입니다.

여덟 개의 세균은 열여섯 개의 세균이 되고, 다시 서른두 마리의 세균이 되고…….

이처럼 세균의 숫자는 시간이 흐를수록 셀 수 없을 정도로 많이 늘어나게 됩니다. 이렇게 늘어난 세균들은 서로 엉겨 붙어 덩어리를 이룹니다.

이 덩어리가 커지면, 사람의 눈으로도 볼 수 있게 됩니다.

그러나 세균의 모양 하나하나를 볼 수는 없습니다. 그저 세균이 많이 늘어났구나 하는 것만을 확인할 수 있을 뿐입니다.

세균은 아주 오랜 원시시대에도 있었습니다.

지금도 세균은 땅이나, 물, 공기, 동물과 식물의 몸 등등 모든 곳에서 살고 있습니다.

세균은 여러 가지 종류로 나눌 수 있는데, 어떤 종류는 사람이나 동물, 식물 등에게 무서운 병을 옮기기도 합니다.

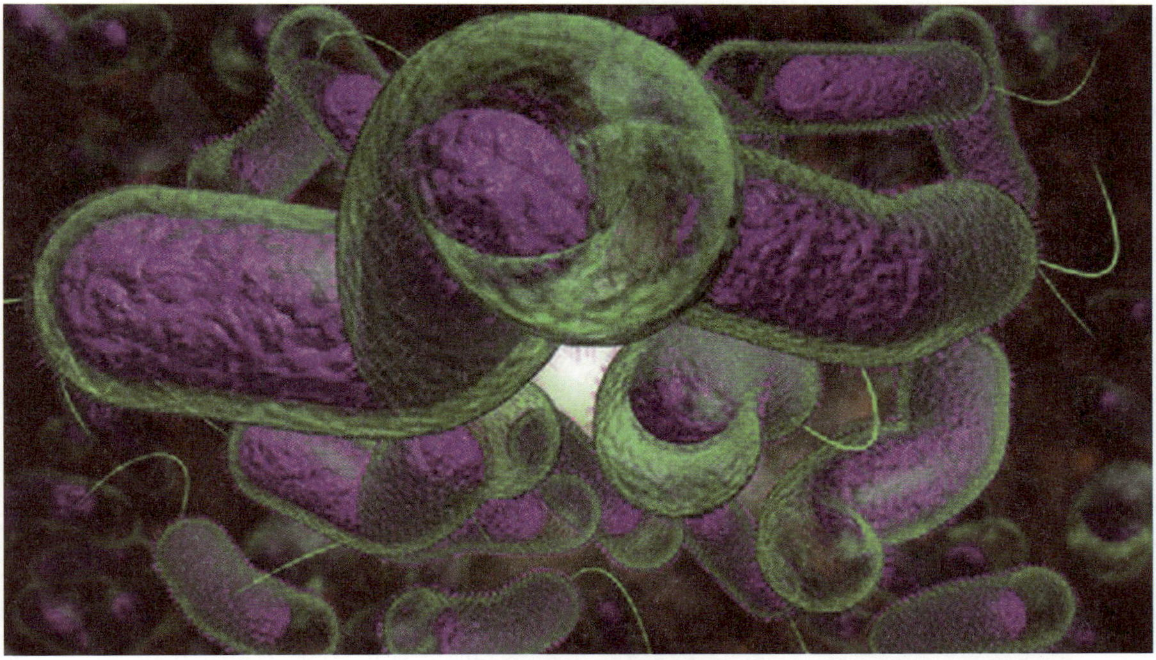

▲ 콜레라균의 모습

사람에게 병을 일으키는 세균은 병원균이라고 합니다.

병원균은 사람의 몸속에 있는 동안에 독소를 만들어 냅니다.

이것을 세균독소라고 합니다.

병원균이 만들어 내는 독소는 사람의 몸을 파괴하기도 하고, 열을 나게 하기도 하면서 병을 앓게 만듭니다.

병원균의 종류도 아주 많습니다.

콜레라균, 디프테리아균, 장티푸스균, 파상풍균, 디프스균, 식중독을 일으키는 보툴리누스균 등 사람에게 병을 일으키는 병원균의 종류는 셀 수도 없을 정도입니다.

병원균들은 자기의 몸 안에서 독소를 만들어 내보내기도 하고, 세균의 몸이 죽은 다음에야 독소가 나오기도 합니다.

몸 안에서 독소를 만들어 내는 병원균에는 디프테리아균이나 파상풍균, 보틀리누스균, 가스회저구균, 포도상구균, 연쇄구균 등 많은 균이 있습니다.

폐결핵이나 문둥병을 일으키는 병원균들은 사람의 몸을 파괴하면서 잘 죽지 않기 때문에 무척 위험한 세균입니다.

이러한 세균들은 눈으로 볼 수 없을 만큼 매우 작지만 쉽게 옮겨 다니기 때문에 항상 주의하여야 합니다.

밖에 나갔다 들어왔을 때는 반드시 손과 얼굴, 발 등 몸을 깨끗이 씻어야 합니다. 언제 어디서 해로운 세균이 몸에 묻어 왔는지 알 수 없는 일이기 때문입니다.

항상 밖에서 들어온 즉시 몸을 깨끗이 씻는 것은 건강을 위해서 무척 중요한 일입니다.

세균들은 사람에게만 병을 일으키는 것이 아니라, 동물이나 식물에도 병을 일으킵니다.

토마토나 당근, 배나 무우, 가지나 감자 같은 채소나 야채를 오랫동안 놓아두면 썩어 버립니다.

이처럼 식물이 썩는 것은 세균이 일으키는 식물의 병입니다.

하지만 사람에게도 해로운 세균과 유익한 세균이 있듯이, 식물에게도 유익한 세균이 있습니다.

과학자들은 식물에게 유익한 세균을 잘 길러서 비료를 만들어 냈습니다.

세균을 이용해서 만든 비료를 세균비료라고 합니다. 한편 나쁜 사람들은 세균을 전쟁에 이용하기도 합니다.

전염성이 강한 아주 해로운 세균을 폭탄 속에 넣어서 적에게 투하하는 것입니다. 이러한 폭탄을 세균폭탄이라고 합니다.

세균폭탄에는 페스트균, 콜레라균, 탄저균, 야토병균, 보툴리누스균, 큐열균, 황열균 같은 병원균들이 들어갑니다.

하지만 이렇게 해로운 세균을 폭탄 속에 넣어 전쟁에 사용하는 것은 아주 위험하고도 잔인한 일입니다.

세균폭탄이 지구 위의 어디에선가 폭발하게 되면, 지구 위에 있는 모든 사람이나 동물, 식물이 전염병에 걸리게 됩니다.

나중에는 세균폭탄을 투하했던 그 사람까지도 전염병에 걸릴 것입니다.

세계를 지배하려고 하는 나쁜 욕심으로 시작된 일은 결국 이 지구를 멸망시키고 말 것입니다.

▲ 토양균과 수균

그러므로 세균폭탄과 같은 무기는 절대로 생각조차도 해서는 안 될 위험물입니다.

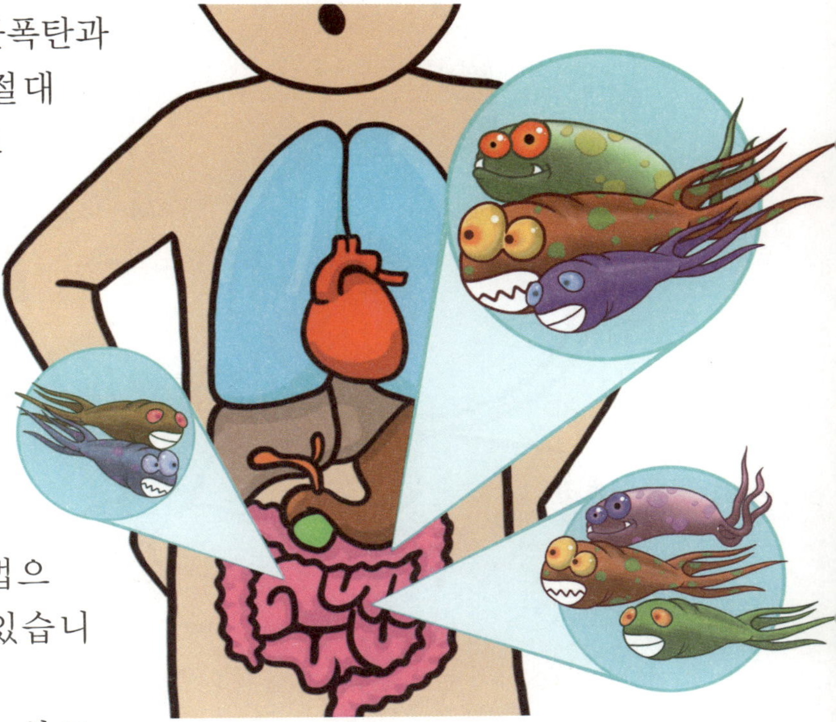

세계의 여러 나라에서는 이러한 무기를 만들지 못하도록 법으로 정해놓고 있습니다.

이 세상에서 살고 있는 세균들 중에서는 사람에게 아무런 병도 일으키지 않는 세균도 많이 있습니다. 이처럼 병을 일으키지 않는 세균을 비병원균이라고 합니다.

세균은 어디에서 살고 있는가에 따라서 그 종류를 나누기도 합니다.

흙 속에 주로 사는 세균은 토양균이라고 합니다.

물 속에서 사는 세균은 수균이라고 합니다.

사람의 창자에만 살고 있는 세균들도 있는데, 이러한 것들을 대장균이라고 합니다.

대장균은 우리의 몸 속에 있는 대장 속에 살고 있는 세균입니다.

뱃속에 세균이 살고 있다고 생각하면 온몸에 소름이 끼치지요?

대장균의 크기는 아주 작습니다.

우리의 눈으로는 도저히 볼 수조차 없습니다.

하지만 대장균은 간단한 영양분만 먹고 살아가는데도 자신에게 필요한 에너지를 잘 만들어 냅니다.

대장균은 자기가 먹은 간단한 영양분으로 자기 몸에 필요한 다른 영양분을 만들 수 있습니다.

대장균은 포도당이라는 간단한 영양분만 섭취하면, 다른 모든 영양분을 스스로 만들어 냅니다.

세균은 박테리아라고도 합니다.

박테리아의 구조

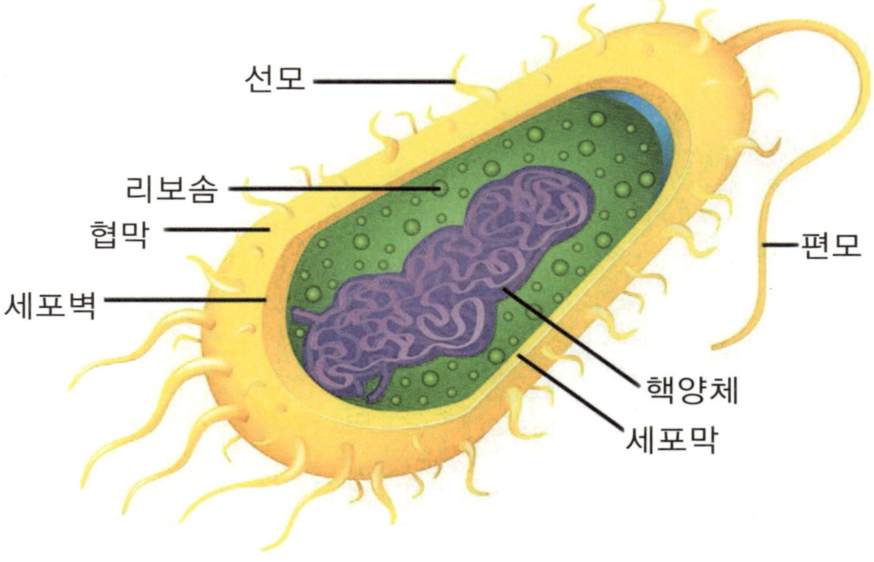

세균과 비슷한 종류로서는 바이러스와 리케차를 들 수 있습니다.

바이러스는 이 세상에 존재하는 생물 중에서 가장 작은 생물입니다.

정확히 말한다면, 바이러스는 생물과 무생물의 중간 형태라고 할 수 있습니다.

왜냐하면 바이러스는 생명이 있는 듯도 하고 없는 듯도 하기 때문입니다.

그래서 바이러스는 생물과 무생물의 중간 형태라고 말합니다.

바이러스는 오로지 전자현미경을 통해서만 볼 수 있습니다.

바이러스도 세균처럼 병을 옮깁니다.

바이러스는 식물이나 동물, 곤충, 사람, 심지어는 세균에게까지 병을 옮깁니다.

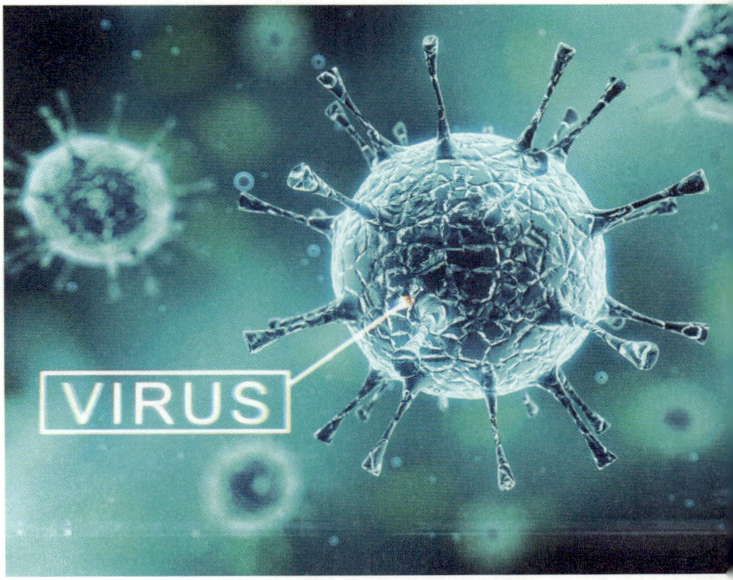

▲ 바이러스 형태

병을 옮기는 바이러스 중에는 천연두 바이러스나 뇌염 바이러스 같은 것들이 있습니다.

리케챠는 바이러스보다 약간 큰 생물입니다.

하지만 리케챠 역시 현미경을 통해서만 보이는 미생물입니다.

리케챠는 발진티프스 같은 병을 옮기는데, 세균과 바이러스의 중간 형태의 생물이라고 말합니다.

리케챠는 동물의 세포 안에서만 살아갈 수 있습니다.

신기한 곰팡이의 세계

술이나 빵을 만드는 과정을 본 적이 있나요?

술이나 빵을 만드는 데에도 세균이 필요합니다.

또한 우리나라 음식인 간장이나 된장, 김치 속에도 우리 몸에 좋은 세균이 들어 있습니다.

포도주를 담글 때에도 세균이 필요합니다.

이러한 세균의 모양은 실처럼 길게 생겼습니다.

실처럼 길게 생긴 모양을 하고 있는 세균 종류를 통틀어서 곰팡이라고 합니다.

그러므로 곰팡이도 미생물이고, 또한 세균에 속합니다.

곰팡이는 무척 빠르게 번식하기 때문에, 곳곳에서 볼 수 있습니다.

우리가 눈으로 직접 볼 수 있는 곰팡이는 셀 수 없이 많은 곰팡이들이 모여서 엉겨 붙어 있는 상태입니다.

음식물을 그대로 놓아두면, 처음에는 보일 듯 말 듯 하게 곰팡이가 생기기 시작합니다.

그러나 잠시 후면, 금세 온통 곰팡이 투성이가 되어 버립니다.

곰팡이는 이 세상에서 번식력이 가장 좋은 생물입니다.

곰팡이는 어느 곳에서나 영양분을 얻습니다.

여름철에 비가 많이 오면, 우리는 곳곳에서 곰팡이를 볼 수 있습니다.

▼ 곰팡이를 확대 촬영한 모습

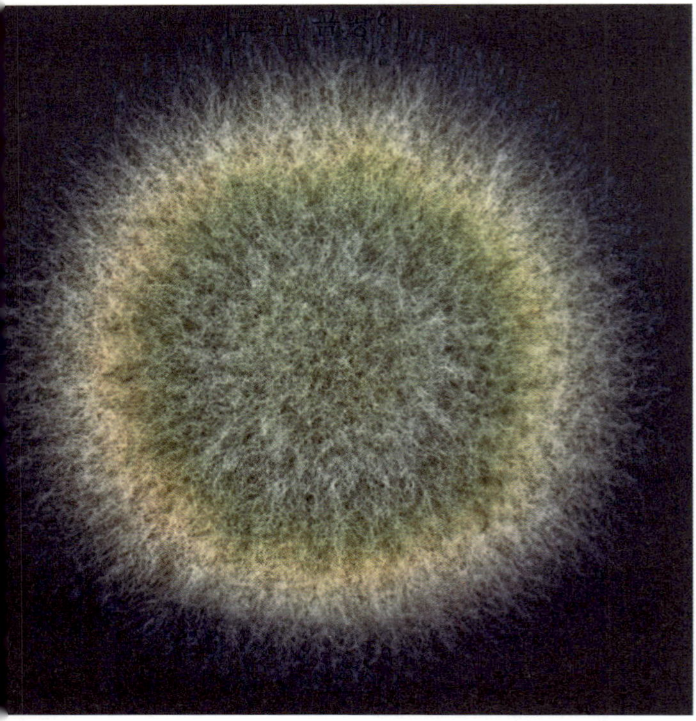

옷장의 뒤쪽에서도 곰팡이가 피고, 비가 새는 곳에서도 금방 곰팡이가 생겨납니다.

우리가 살고 있는 지구 위에서 최후까지 살아 남을 수 있은 것을 말하라면 바로 이 곰팡이 종류일 것입니다.

곰팡이에는 좋은 곰팡이도 있지만 해로운 곰팡이도 있습니다.

곰팡이 역시 병을 옮깁니다.

무좀이나 버짐 같은 것도 곰팡이 때문에 생기는 병입니다.

사람의 내장에 생기는 곰팡이도 있는데, 이 곰팡이는 아주 해롭습니다.

히스토플라스마, 코크시디디스, 칸디다, 아스파라길루스라는 이름을 가진 곰팡이들은 아주 무서운 곰팡이들입니다.

히스토플라스마 곰팡이가 피 속에서 늘어나기 시작하면,

백혈병이나 빈혈 등의 무서운 병을 일으킵니다.

또한 내장 속에 들어간 히스토플라스마 곰팡이가 계속 늘어나서 곰팡이 덩어리가 되면, 그 사람은 죽게 됩니다.

이와는 반대로 곰팡이는 사람과 생물에게 유익한 봉사를 하기도 합니다.

곰팡이는 세균의 일종이기 때문에, 어떠한 물질에라도 가서 달라붙기만 하면 그 순간부터 그 물질을 분해하기 시작합니다.

곰팡이는 우리의 손톱이나 발톱과 같은 케라틴 성분을 분해하기도 하고, 독한 석유를 분해하기도 합니다.

이러한 일은 곰팡이를 비롯한 세균 외에는 아무도 할 수 없는 일입니다.

곰팡이가 분해하는 일을 하지 않는다면, 이 세상이 어떻게 될는지는 쉽게 짐작할 수 있겠지요?

사람들은 유익한 곰팡이를 포자 상태로 잘 간수해 두었다가 필요할 때 사용합니다.

또한 곰팡이가 자랄 수 있는 환경을 일부러 만들어놓고서 곰팡이가 생겨나기를 기다릴 때도 있습니다.

메주를 띄우거나, 청국장을 만드는 일을 생각해보면 쉽게 알 수 있습니다. 맛있는 식혜를 만드는데도 역시 곰팡이가 필요합니다.

과학자들은 사람이나 다른 생물에게 해를 끼치는 곰팡이를 없애기 위해서, 곰팡이를 없애기 위한 약을 개발합니다.

그러나 곰팡이를 완전히 죽일 수 있는 약은 거의 없습니다.

곰팡이는 사람보다 살아가는 힘이 더 강하기 때문입니다.

곰팡이를 완전히 없앨 수 있는 약이라면, 곰팡이가 죽기 전에 사람이 먼저 죽을 것입니다. 그래서 곰팡이로 전염되는 병들은 아주 조심해야 합니다.

곰팡이는 습기와 온도가 높을수록 아주 잘 자라납니다.

장마철에 곰팡이가 많이 생기는 이유도 이것 때문입니다.

장마철이 지나면, 곰팡이는 조금씩 없어지기 시작합니다.

그러나 곰팡이의 모습이 사라졌다고 해서 곰팡이가 아주 없어진 것은 아닙니

▲ 습기가 많은면 곰팡이가 잘 생깁니다.

다. 곰팡이는 단지 눈으로 볼 수 없는 작은 모양으로 숨어서 활동을 쉬고 있을 뿐입니다.

곰팡이는 보통 습기가 많고, 비교적 높은 온도에서 잘 번식합니다.

그러나 특수한 곰팡이들도 있습니다.

어떤 곰팡이는 김이 펄펄 나는 아주 뜨거운 곳에서도 살아남습니다.

이웃나라 일본에서는 지진이 많이 일어납니다.

지진이 일어나면, 땅 속에서 솟아오른 뜨거운 용암이 땅 위로 흘러내리기 때문에 모든 것이 불바다가 되어 버립니다.

그러나 이런 불바다 속에서도 살아남은 곰팡이가 있어서 사람들을 놀라게 한 일이 있습니다.

1923년 일본 관동 지방에서는 엄청난 지진이 일어났습니다.

관동 지방은 온통 불바다가 되었습니다.

주위는 뜨거운 공기로 가득 찼고, 모든 생물들이 죽어갔습니다.

지진이 끝나고, 뜨겁던 열기가 어느 정도 식자, 사람들은 복구 작업을 하기 위해서 여러 곳을 살펴보고 있었습니다.

그런데 이게 웬일입니까?

새까맣게 타 버린 나무에서 분명히 살아 있는 붉은 곰팡이가 발견되었던 것입니다.

지진이 일어났을 때, 관동 지방의 온도는 섭씨 80~90℃도 였다고 하니, 우리는 감히 상상할 수조차도 없을 만큼 뜨거운 상황이었습니다.

우리나라의 여름 중 가장 더울 때가 섭씨 30~35℃도 정도이니, 지진이 일어났을 때의 관동 지방 온도가 얼마나 뜨거운 것이었는지 조금이나마 짐작할 수 있겠지요?

그런 상황을 이기고 살아남아 있는 붉은 곰팡이였으니, 발견한 사람들이 모두 놀라 경탄에 경탄을 할 수밖에 없는 일이었지요.

이처럼 뜨거운 곳에서 살아남은 곰팡이가 있는가 하면, 또 이와는 반대로 아주 추운 지방에서 살아남는 곰팡이도 있습니다.

일 년 내내 얼음으로 쌓여 있는 남극이나 북극의 툰드라 지방에서도 곰팡이는 살고 있습니다.

그러나 이렇게 추운 지방에 살고 있는 곰팡이들은 자라는 속도가 아주 느립니다.

높은 산꼭대기에서 사는 곰팡이들도 있습니다.

산 위에 눈이 내려 얼어붙으면, 곰팡이들도 눈과 얼음 속에서 활동을 하지 않고 잠을 잡니다.

날씨가 따뜻해져 눈과 얼음이 녹아내리면, 곰팡이들은 그제야 활동을 시작합니다.

대부분의 곰팡이는 가늘고 긴 세포가 이어진 실 모양을 하고 있습니다.

그래서 곰팡이를 균사라고도 합니다. 대부분의 곰팡이들은 솜처럼 보이는 털이 돋아 있고, 종류에 따라 여러 가지 색깔을 띠고 있습니다.

곰팡이는 갈색이나 붉은색을 띠기도 하고, 노란색이나 초록색, 파란색 등을 띠기도 합니다.

빵이나 술을 만드는데 필요한 곰팡이를 효모균이라고 합니다.

효모균은 다른 곰팡이들과는 달리 단 하나의 세포로만 생활합니다.

된장을 만들 때는 누룩곰팡이가 필요합니다.

곰팡이는 아주 훌륭한 마술사입니다.

쌀로 지은 밥에 효모균을 넣어 두면, 그 밥은 마치 요플레처럼 끈적끈적하게 삭게 됩니다.

쌀알의 모양을 찾아볼 수 없을 정도로 밥이 삭은 후에는 점점 술 냄새가 풍겨나기 시작합니다.

▲ 빵을 만들기 위한 효모 반죽

밥이 술로 변하는 것입니다.

술이 된 상태를 그대로 놓아두면, 이번에는 서서히 신 식초 냄새가 나기 시작합니다.

이 모든 것이 곰팡이가 부리는 재주입니다.

그러나 곰팡이 중에도 해로운 것이 많습니다.

우리 주위에서 가장 곰팡이가 잘 생기는 것은 무엇일까요?

떡과 같은 음식물이나, 가죽으로 된 구두 같은 물건에 곰팡이가 잘 생깁니다. 축축한 벽이나, 하수구가 있는 곳에도 곰팡이가 잘 생기지요.

곰팡이는 20도에서 30℃도 사이의 온도에서 가장 잘 번식합니다.

또한 곰팡이는 물기가 많은 곳을 좋아합니다.

그러므로 음식물을 오래 보관하기 위해서는 곰팡이가 침입할 수 없도록 가공을 하여야 합니다.

▲ 버섯도 곰팡이의 한 종류 입니다.

마른 오징어처럼 물기가 없게 바짝 말리던지, 잼처럼 설탕을 넣어 졸이던지, 소금에 절이던지, 얼리던지, 통조림으로 만들던지 하는 방법으로 음식물을 가공하면, 오랫동안 음식을 상하지 않게 보관하면서 맛있게 먹을 수 있습니다.

곰팡이는 씨앗 주머니를 가지고 있습니다.

이러한 씨앗 주머니를 포자라고 합니다.

씨앗 주머니를 가진 곰팡이로써 가장 발달된 것은 버섯 종류입니다.

버섯이 곰팡이라니 놀랍지요?

시장에서 쉽게 볼 수 있는 버섯은 곰팡이라고 말하기가 조금 애매합니다.

그러나 씨앗에서부터 자라난 어린 버섯은 분명히 곰팡이의 모습과 특징을 지니고 있습니다.

그래서 과학자들은 버섯을 곰팡이의 한 종류라고 말합니다.

전염병은 왜 생길까요?

미생물인 세균 중에는 병을 일으키는 병원균과 병을 일으키지 않는 비병원균이 있습니다.

그 중에서 병을 일으키는 병원균은 사람이나 다른 생물의 몸 속에 들어가서 독소를 내놓습니다.

그 때부터 병원균이 몸 속으로 들어간 사람이나 다른 생물은 병이 걸리기 시작합니다.

사람이 걸리는 병의 종류는 셀 수도 없이 많습니다.

사람은 몸의 구조가 복잡하고, 몸의 각 부분간의 관계가 예민하기 때문에 그만큼 병의 종류가 많아지는 것입니다.

병원균에 의해서 걸리는 병은 장티푸스나 콜레라처럼 다른 사람에게 전염되는 병과 위궤양이나 당뇨병처럼 전염되지 않는 병 두 가지로 나눌 수 있습니다.

전염병은 병원균이나 병원균이 내놓는 세균독소에 의해서 생깁니다.

전염병은 병에 걸린 한 사람으로부터 병원균이나 세균독소가 다른 사람에게 옮겨져서 그 사람도 똑같은 증상으로 앓게 되는 병을 말합니다.

이렇게 퍼진 전염병은 어느 한 지방 안에서만 끝나기도 하고, 아니면 여러 지방으로 퍼져 나가기도 합니다.

한 지방에서만 전염병이 끝나는 경우를 지방유행성 전염병이라고 합니다.

그러나 여러 지방으로 퍼져 나가는 것은 물론, 바다를 건너서 다른 나라에까지 퍼져 나가는 전염병도 있습니다.

이러한 전염병을 유행성 전염병이라고 합니다.

전염병을 옮기는 미생물에는 여러 가지 종류가 있습니다.

세균의 일종인 원충류나, 곰팡이의 일종인 진균류, 박테리아, 리케차, 그리고 바이러스까지, 전염병을 옮기는 미생물의 종류는 셀 수도 없습니다.

그 중에서도 바이러스는 아주 골칫거리입니다.

바이러스는 보통 현미경으로는 보이지도 않습니다. 또한 거름종이에 걸러지지도 않습니다.

바이러스는 거름종이의 틈을 빠져 나갈 정도로 작기 때문에 잘 발견되지도 않고, 오로지 전자현미경을 통해서만 볼 수 있는 미생물입니다.

그러면 전염병은 어떤 과정을 통해서 퍼져 나갈까요?

전염병은 이미 병에 걸려 있는 환자에게서부터 나온 병원균이 다른 사람에게 옮겨가면서 점점 퍼져 나갑니다.

세균이나 바이러스 같은 미생물들은 짧은 시간동안에도 아주 많은 숫자로 늘어납니다.

▲ 전염병은 피부 접촉으로도 세균이 옮겨 갑니다.

사람의 몸 속으로 들어간 병원균 한 마리는 금세 그 사람의 몸 속으로 수많은 병원균을 만들어 내보냅니다.

병원균의 침입을 받은 사람은 시름시름 앓아 누워 환자가 되어 버리는 것입니다.

전염병은 그 증세가 아주 빨리 퍼져 나가는 급성 전염병과 한번 걸리면 잘 낫지 않는 만성 전염병으로 나눠집니다.

급성 전염병에는 장티푸스나 콜레라, 성홍렬 등이 있고, 만성 전염병에는 결핵이나 문둥병 등이 있습니다.

전염병을 일으키는 병원균은 여러 가지 방법을 이용해서 사람의 몸 속으로 침입하려고 호시탐탐 기회를 노리고 있습니다.

하지만 어는 사람이던지, 병원균이 몸 속으로 들어 왔다고 해서 그 병에 걸리는 것은 아닙니다.

몸이 약한 사람은 병원균이 들어오자마자 병에 걸려 앓아눕게 됩니다.

그러나 평소에 몸이 건강했던 사람은 한두 마리의 병원

균이 들어오더라도 쉽게 그 병에 걸리지는 않습니다. 사람의 몸 속에는 병원균에 대항하여 싸우는 여러 가지 성분들이 있기 때문입니다.

몸 밖에서 침입해 들어온 병원균과 맞서 싸우는 가장 대표적인 우리 몸의 성분은 바로 백혈구입니다. 백혈구는 피 속에 들어 있습니다.

사람의 몸 속으로 병원균이 침입해 들어오면, 신경 조직의 연락을 받은 백혈구가 출동하여 병원균과 맞서 싸웁니다.

건강한 사람의 튼튼한 백혈구는 병원균을 이깁니다. 하지만 몸이 약한 사람의 백혈구는 병원균보다 힘이 약하기 때문에 싸움에 지게 됩니다.

만약 백혈구가 병원균과 싸워 이기지 못하면, 병원균은 몸 속에서 점점 자기의 세력을 뻗어 나갑니다. 병이 점점 악화되어 가는 것입니다.

똑같은 병이 걸렸다고 하더라도, 몸이 튼튼한 사람은 금세 병이 나을 수 있습니다.

그러나 몸이 약한 사람은 오랫동안 병을 앓아야 할 뿐만 아니라, 병을 앓느라고 더욱 몸이 약해져서 다른 병까지 덩달아 걸리는 경우가 많습니다.

평소에 몸을 튼튼하게 해 두는 것이 얼마나 중요한 일인지 아시겠지요?

병에 걸리지 않았을 때는 건강의 중요성을 잊어버리기가 쉽습니다.

그러나 한번 병에 걸리면, 평소에 몸을 튼튼하게 가꾸는 것이 얼마나 중요한지 잘 느끼게 됩니다.

몸을 튼튼하게 하려면 어떻게 해야 할까요?

무조건 음식을 많이 먹고 살을 찌운다고 해서 건강한 것일까요? 살이 많이 쪘다고 해서 건강한 것은 절대 아닙니다.

튼튼한 몸이라는 것은, 몸에서 얼마나 강한 힘을 얼마나 오랫동안 낼 수 있는가 하는 것입니다.

우리 몸에서 힘을 내는 곳은 어디일까요?

그것은 바로 근육입니다.

유명한 레슬링 선수나 역도 선수들의 경기 장면을 구경한 적이 있나요?

힘을 주어 역기를 불끈 들어 올리는 역도 선수들의 팔뚝을 보십시오.

울퉁불퉁 튼튼한 근육이 강한 힘을 내는 것을 볼 수 있습니다.

근육을 강하게 만들려면 어떻게 해야 할까요?

물론 영양가 있는 음식을 골고루 섭취해야 하겠지요.

또한 규칙적인 운동으로 근육을 훈련시키는 것도 중요합니다.

이 두 가지가 합해져서 튼튼한 몸을 가진 건강한 사람이 되는 것입니다.

튼튼한 몸을 지니고 있다면, 병원균쯤이야 무서울 것 없겠지요.

병원균은 사람이나 동물의 양분을 빼앗아 먹으면서 점점 자기 세력을 넓혀 나갑니다.

또한 대변이나 소변, 침 등을 통해서 다시 몸 밖으로 나와 다른 사람의 몸으로 옮겨갈 때를 기다립니다.

병원균은 피를 통해서 옮겨지기도 합니다.

모기같은 해충이 병원균을 옮기는 주범입니다.

모기가 병에 걸린 사람의 피를 빨아 먹은 후, 다른 사람에게로 옮겨 앉아 그 사람을 물었을 때, 모기의 입에 묻어 있던 병원균은 얼른 그 사람의 피 속으로 옮아가게 됩니다.

그러므로 모기와 같은 해충에게 물리지 않도록 조심해야 합니다.

몸 밖으로 나온 병원균은 얼마 살지 못하고 죽어버립니다.

주위의 환경이 병원균이 살기에 적당하지 않기 때문입니다.

그러므로 사람이나 다른 생물이 살아가고 있는 환경이 전염병과 관계가 깊다는 것은 쉽게 짐작할 수 있습니다.

주위가 지저분하고 소독도 잘 되지 않은 곳에서는

병원균이 잘 살아 남을 수 있습니다.

그러나 청소도 잘 되고, 소독도 자주 하고, 파리나 모기 같은 해충이 살아 남지 못하도록 환경 관리를 청결하게 한 곳이라면, 병원균이 침입해 들어왔다 하더라도 곧 죽어 버립니다.

우리 주위의 환경이 깨끗해야 한다는 사실은 두말 하면 잔소리겠지요?

전염병을 옮기는 병원균은 주위의 환경이나 상태, 환자의 몸 상태 등에 따라 여러 가지로 변할 수 있습니다.

병원균이 병을 일으키는 세력은, 환자의 몸 상태에 따라 강해지기도 하고 약해지기도 합니다.

건강한 사람의 몸 속에 들어간 병원균은 당연히 세력이 약해집니다.

그러나 약한 사람의 몸 속에 들어간 병원균은 처음의 상태보다 훨씬 세력이 커집니다.

또한 여러 사람이 같은 전염병에 걸렸다고 하더라도 병에 걸린 시기에 따라 병이 잘 낫기도 하고 남보다 더 심해지기도 합니다.

전염병이 막 유행하기 시작했을 무렵에 병에 걸렸던지, 아니면 한참 유행하고 있을 무렵에 걸렸던지, 아니면 전염병이 다 지나갈 무렵에 걸렸던지에 따라 병을 심하게 앓을 수도 있고 병에 걸리자마자 쉽게 나을 수도 있는 것입니다.

병원균이 사람의 몸 속으로 들어오면, 우리의 몸은 여러 가지 반응을 보입니다.

병원균이 몸에 들어왔다는 증상으로, 겉으로 드러나는 것은 열이 나는 것과 몸의 한 부분이 부어오르거나 곪는 것 등을 들 수 있습니다.

그러나 이밖에도 병원균을 맞아 일어나는 작용은 많습니다. 이러한 작용은 몸 속에서 일어나기 때문에 우리가 직접 느낄 수는 없습니다.

우리의 몸 속에서는 침입해 온 병원균을 잡아먹는 일이 생기기도 하고, 병원균과 싸우는 물질이 새롭게 생겨나기도 합니다.

이러한 작용은 환자의 종류나 개인 간의 차이에 의해서 서로 다르게 나타납니다.

병원균이 몸 속으로 들어왔다 하더라도, 몸의 여러 부분이 병원균과 싸워 이기면 그 사람은 병에 걸리지 않습니다.

또한 몸 속으로 들어온 병원균이 세력을 뻗어 나가기는 했지만, 그 사람이 병의 증세를 느끼지 못하는 경우도 있습니다.

그러나 이 사람에게는 병원균이 들어 있기 때문에 아주 위험합니다.

병원균이 언제 그 사람의 몸에서부터 나와 다른 사람에게 옮겨갈 지 알 수 없기 때문입니다.

병원균이 침입했을때 증상들

차라리 병원균의 침입을 받은 사람이 병의 증세를 나타낸다면, 환자 자신이나 다른 사람이 주의를 할 수 있기 때문에 훨씬 다행한 일입니다.

그러나 몸 속에 병원균을 가지고 있으면서도 병을 앓고 있지 않은 사람은 무척 곤란합니다.

언제 어디서 누구에게 그 병을 옮겨 줄런지, 그 사람 자신도 알 수 없고, 상대방도 느낄 수 없기 때문입니다.

이러한 사람들을 보균자라고 합니다.

몸이 약해서 침입해 들어온 병원균을 이길 수 없는 사람이나, 너무 많은 병원균이 갑자기 세력을 뻗어 나갔을 경우, 그 사람은 병을 앓게 됩니다.

이렇게 전염병을 앓게 된 사람은 곧 다른 사람에게 그 병을 전염시킬 위험성이 많습니다.

전염병이 옮겨가는 방법으로서는 대략 네 가지를 들 수 있습니다.

첫 번째는 환자와 몸을 직접 접촉하는 것입니다.

환자의 몸에 들어 있는 병원균이 그 사람과 몸을 맞대고 있는 사람에게 직접 옮아가 병이 전염되는 것입니다.

두 번째는 공기를 통해서 옮는 것입니다.

숨을 쉬거나 재채기를 할 때, 환자의 숨을 통해 나온 병원균이 상대방에게 옮겨가는 것입니다.

이렇게 전염되는 병으로서는 결핵이나 디프테리아, 감기 등이 있습니다.

세 번째는 입을 통해서 전염되는 것입니다.

환자의 몸 밖으로 나온 병원균이 물이나 음식, 또는 손이나 휴지, 장난감, 그릇 등에 붙어 있다가 다른 사람의 입으로 들어가는 경우입니다.

이렇게 전염되는 병은 장티푸스나 파라티푸스, 콜레라 등이 있습니다.

전염병이 옮겨가는 네 번째 방법은 곤충을 통하는 것입니다.

더러운 곳에서 병원균을 묻혀 온 파리가 음식물로 날아와 앉았을 때, 병원균은 음식물에 떨어져 있다가 사람에게로 옮겨가게 됩니다.

이렇게 전염되는 병으로는 장티푸스나 이질, 콜레라 등이 있습니다.

또한 모기나 벼룩, 이, 빈대 같은 해충이 환자의 피를 빨면서 병원균을 옮겨다가, 다시 건강한 사람의 피를 빨면서 환자의 병원균을 떨어뜨리는 것입니다.

이런 방법으로 모기가 옮기는 병으로는 말라리아나 유행성 뇌염, 황열 등이 있습니다.

이가 옮기는 전염병은 회귀열과 발진티푸스, 벼룩이 옮기는 전염병으로는 흑사병이나 발진열, 진드기가 옮기는 병으로는 양충병과 유행성출혈열 등이 있습니다.

진드기는 잔디 같은 곳에 붙어 있으므로, 잔디밭에 아무것도 깔지 않은 채 오랫동안 앉아 있는 것은 좋지 않습니다.

이 밖에도 동물이 전염병을 옮기는 경우가 있습니다.

광견병에 걸린 미친개에 물리면, 사람도 광견병에 걸리게 됩니다.

또한 수혈이나 소독되지 않은 주사기를 통해서 전염병이 옮는 경우도 있습니다. 이런 경우로는 간염이나 말라리아 같은 병이 있습니다.

전염병이 걸린 후에 치료하려고 애쓰는 것보다, 병에 걸리지 않으려는 예방법이 중요합니다.

그래서 전염병에 대한 예방법을 개발하기 위해서 각 나

라마다 과학자와 의사들이 연구와 개발에 노력하고 있습니다.

또한 모든 사람이 전염병에 걸리지 않도록 서로 노력하여야 합니다.

전염병이란 한 사람이 걸리면 금세 퍼져 나가기 때문입니다.

일단 전염병에 걸린 환자가 발견되면, 그 환자를 다른 건강한 사람과 떼어놓아야 합니다.

그리고 전염병 환자가 사용했던 물건들은 모두 없애거나 소독해야 합니다.

특히 전염병원균을 옮기는 파리나 모기 바퀴벌레, 이, 벼룩, 진딧물 같은 해충을 없애야 합니다.

그러기 위해서는 구석구석 소독을 해야 하겠지요.

전염병을 빨리 없애기 위해서는 보균자를 찾아내는 것이 중요합니다.

병의 증상은 나타내지 않으면서도 병원균을 갖고있는 보균자는 병을 전염시키는 주범이 될 수도 있기 때문입니다.

그러므로 일단 발견된 보균자는 환자와 마찬가지로 보통 사람들과 떼어놓아야 합니다.

이러한 전염병의 보균자를 알아내기 위해서는 대변 검사나 소변 검사를 실시합니다.

병의 증세를 나타내지 않는 사람이라 할지라도 대변이나 소변을 검사해 보면 병원균이 섞여 나오는 것을 알아낼 수 있기 때문입니다.

아주 심한 전염병이 유행할 때는, 그 병이 일어난 지방으로 차나 사람이 일체 들어갈 수 없도록 나라에서 엄한 감시를 하기도 합니다.

또한 세계적으로 위험한 전염병의 종류를 정해서, 그 병에 걸린 사람은 병이 나을 때까지 보통사람들과 떨어져 지내도록 법으로 정해 놓고 있습니다. 이러한 전염병의 종류를 법정전염병이라고 합니다.

세균의 적

이 세상에는 우리의 눈에 보이는 세계가 있는가 하면, 눈으로 볼 수 없는 세계도 있습니다.

아주 작은 미생물의 세계가 바로 우리의 눈에 보이지 않는 세계입니다.

하지만 사람들은 발달된 과학과 기술을 이용하여 보이지 않는 세계를 조심스럽게 들여다볼 수 있게 되었습니다.

광학현미경과 전자현미경이 바로 보이지 않는 세계를 들여다보는 도구입니다.

아주 작은 생물인 세균들이 눈에 보이는 생물들의 몸 속으로 들어와 병을 일으킨다는 사실은 이제까지 설명해 온 내용입니다.

그러나 이러한 세균들에게도 적이 있습니다.

세균의 적이라니, 그게 무엇인지 궁금하지 않으세요?

세균을 잡아먹는 세균의 적은 바로 박테리오파지입니다.

박테리오파지는 이 세상에 존재하는 생물 중에서 가장 크기가 작은 바이러스의 일종입니다.

박테리오파지를 발견한 사람은 데렐이라는 과학자입니다.

1917년 프랑스의 과학자인 데렐은 세균에 대해서 연구하다가 놀라운 사실을 발견하였습니다.

데렐은 실험실에서 이질균을 기르고 있었습니다.

이질균이란, 이질이라는 병을 일으키는 세균입니다.

데렐은 이질의 치료법을 연구하기 위해서 일부러 이질균을 기르고 있었던 것입니다.

그러던 어느 날이었습니다.

이질균을 놓아두었던 곳을 살펴보던 데렐이 큰소리로 외쳤습니다.

"엇? 여기 있던 세균들이 어디로 사라져 버렸지?"

데렐은 이질균이 모두 감쪽같이 없어져 버린 것을 발견했던 것입니다.

"이상한 일이야! 이질균이 하늘로 솟았나, 땅으로 꺼졌나? 그럴 리는 없는데? 분명히 이 배지(세균을 키우기 위해서 특별히 만들어진 종이)위에서 이질균이 정상적으로 자라고 있었단 말이야."

데렐은 샤알레에 놓아두었던 배지를 현미경으로 살피며 혼자 중얼거렸습니다.

배지 위에는 이질균이 단 한 마리도 보이지 않았습니다.

하는 수 없이 데렐은 다시 새로운 이질균을 뽑아 배지에 놓아두었습니다. 그리고는 한눈팔지 않고, 배지를 관찰하였습니다.

얼마 동안의 시간이 흐르자, 배지는 뿌옇게 흐려지기 시작했습니다.

이질균들이 자라나기 시작하는 것입니다. 그런데 이게 웬일입니까?

"아니, 이것 좀 봐."

데렐은 너무도 놀라 큰 소리로 외쳤습니다.

이질균들이 늘어나서 뿌옇게 흐려졌던 배지가 갑자기 투명하게 변해 버리는 것이었습니다.

배지가 투명하게 변했다는 것은 무엇인가가 이질균들을 잡아먹어 버렸다는 뜻입니다.

데렐은 서둘러 배지를 현미경으로 관찰했습니다.

그러나 배지에는 아무것도 보이지 않았습니다.

이처럼 실험실에서 기르던 세균들이 갑자기 사라져 버리는 일은 종종 있었습니다. 그러나 아무도 그 이유를 알아내지 못하고, 그저 알 수 없는 수수께끼로만 여기고 있었습니다.

"이건 우연히 일어나는 일이 아니야. 분명히 이 세상에는 세균을 잡아먹는 그 무엇인가가 있어. 그게 뭘까? 현미경으로 보이지 않으니, 이 세상에서 제일 작은 세균일 거야."

데렐은 이렇게 중얼거리며, 알 수 없는 그 무엇인가에게 이름을 붙여 주어야겠다고 생각했습니다.

"세균을 잡아먹는 거니까, 이름을 박테리오파지라고 하자. 박테리오파지란 '세균을 잡아먹는 놈'이라는 뜻이지.

어때? 꽤 그럴 듯한 이름인걸!"

데렐이 붙인 이름을 지닌 박테리오파지는 그 뒤로 아주 유명한 존재가 되었습니다.

박테리오파지는 간단하게 줄여서 그냥 파지라고 부르기도 합니다.

파지는 아주 작은 세균에 붙어살면서, 그 몸을 잡아먹으면서 자라는 이상한 존재입니다.

파지는 처음에 세균의 몸에 붙어서 자라다가, 나중에는 그 세균을 몽땅 먹어 치워 버리는 세균의 적입니다.

세균을 잡아먹는 박테리오파지의 모습은 마치 외계인처럼 생겼습니다.

박테리오파지는 다이아몬드처럼 생긴 머리와 용수철처럼 생긴 몸통, 그리고 거미발처럼 생긴 여섯 개의 발을 가지고 있습니다.

이렇게 생긴 박테리오파지가 세균을 잡아먹을 때면, 몸의 각 부분이 아주 재빠르고 힘있게 움직입니다.

살아 있는 생물의 세포로 침입해 들어간 바이러스 종류들은 세균이 사람의 몸 속에서 숫자를 늘려나가듯, 많은 새끼 바이러스들을 낳습니다.

새끼 바이러스들은 세포를 물어뜯기도 하고, 조용히 거기서 나와 다른 세포에 침입해 들어가기도 합니다.

다른 세포에 들어간 새끼 바이러스는 또다시 수많은 바이러스를 낳습니다.

이렇게 한 번 감염된 바이러스는 엄청난 속도로 불어나서, 결국에는 모든 세포에 침입해 들어가게 되는 것입니다.

이러한 활동을 제일 잘 하는 것이 바로 세균까지 잡아먹고 마는 박테리오파지입니다.

박테리오파지가 세균을 잡아먹는 과정은 아주 재미있습니다.

박테리오파지는 마치 인공위성이 달에 착륙하듯이 세균 위에 착륙합니다.

박테리오파지는 제일 먼저 다리를 내리고, 그 다음에는 허리를 내려 세포벽 위로 착륙합니다.

박테리오파지가 안전하게 세포 위로 내려앉으면, 박테리오파지의 몸속으로부터 기다란 파이프가 나와 세포 속으로 파고 들어갑니다.

파이프가 세포 속으로 깊이 박히면, 이번에는 파이프를 통해서 세포벽을 녹이는 효소가 나옵니다.

이 효소는 세포벽을 녹이고, 파이프는 더욱 깊이 세포를 파고들어갑니다.

그 다음에는 박테리오파지의 머릿속에 들어 있는 성분이 파이프를 통해서 흘러들어갑니다. 이것은 유전자가 들어있는 단백질로써, 세포 안에 도착하자마자 즉시 새끼들을 만들어 내는 것입니다.

세포 안에서 생겨난 새끼들은 곧 박테리오파지와 같은 모습으로 변합니다.

껍질이 생기고, 머리가 생기고, 몸통이 생기고, 다리가 생기는 과정은 마치 자동차 공장에서 자동차가 만들어지는 과정과도 같습니다.

박테리오파지는 10~20분 사이에 400마리의 새끼를 만들어 낼 수 있다고 합니다.

그러나 이렇게 새끼를 잘 낳는 박테리오파지도 생물의

세포에 붙어 있지 않고, 자기 스스로 혼자 있을 경우에는 새끼를 낳지 못합니다.

새끼는 커녕, 박테리오파지는 혼자 있을 때는 스스로 움직이지도 못하고 숨을 쉬지도 못하는 무생물적인 존재입니다.

이 바이러스의 이름을 담배 모자이크 바이러스라고 합니다.

바이러스가 직접 잡힐 정도에까지 이르자, 바이러스에 대한 연구는 더욱 활기를 띠기 시작했습니다. 광학현미경으로 보이지도 않고, 거름종이에도 걸러지지 않던 바이러스가 실제로 잡혔으니 바이러스 연구가 발전하게 된 것은 당연하지요.

과학자들은 새롭게 발견되는 바이러스의 특성에 무척 놀랐습니다.

"이건 도대체 뭐라고 봐야 할까? 바이러스는 생물이라고 말하기도 애매하고, 그렇다고 해서 무생물이라고 말할 수도 없으니 말야……."

"왜 그러나?"

"이걸 좀 보게. 이 바이러스란 놈은 마치 단백질 덩어리처럼 생겼어. 생명이 있는 생물이라고 말하기가 어렵단 말야. 그런데, 이 녀석의 몸을 물에 녹인 뒤, 담배잎에 바르면 활동을 시작해. 이때부터 생명이 시작되는 거야. 그냥 놓아 두었을 때는 전혀 생명의 활동이 보이지 않다가, 생

명에 몸이 닿기만 하면 활동을 하니, 이걸 뭐라고 불러야 하지……."

"그것, 참……. 희한한 놈이로구먼."

이처럼 바이러스는 참으로 이상한 존재입니다.

바이러스를 처음 잡아내었을 때는 살아 있는 생명이 아닌 그냥 단백질로 뭉친 영양분 덩어리였습니다.

그러나 영양분 덩어리인 바이러스를 생물의 몸 위에 올

려놓으면, 그 때부터 바이러스는 활발하게 움직이며 자라나기 시작하는 것이었습니다.

과학자들은 세균처럼 바이러스를 길러 보려고 애썼습니다.

그러나 바이러스는 좀처럼 길러지지 않았습니다.

이 사실은 과학자들에게 고민을 안겨 주었습니다.

어떠한 생물이든지, 그 생물에 대해서 자세히 알려면 실험실에서 직접 기르며 관찰하는 수밖에 없습니다.

그런데 바이러스는 도대체 살아 있는 채로 기를 수가 없었습니다.

바이러스는 반드시 살아 있는 생물에 붙어야만 활발히 움직이기도 하고, 자라나기도 하면서 활동 영역을 넓혀가는 이상한 성질을 지녔습니다.

바이러스가 활동한다는 것은 바이러스에게 속해 있는 병이 전염된다는 결과가 됩니다.

바이러스는 오로지 병을 옮기기 위한 임무를 타고 태어난 것처럼 생각되기도 합니다. 살아 있는 생물의 몸에 붙은 바이러스가 늘어난다는 것은 곧 병을 퍼뜨리는 것이니까요.

결국 바이러스를 기르기 위해서는 동물이나 식물 등 살아있는 생물의 몸을 사용하는 수밖에 없었습니다.

그렇지만 바이러스 실험을 하기 위해서, 사람을 실험 대상으로 삼아 함부로 병에 걸리게 할 수는 없는 일입니다.

바이러스는 특히 사람에게 해롭고 무서운 병을 옮기기 때문에, 어떻게 해서든지 바이러스를 길러서 그 성질을 알아내야만 했습니다.

그래서 생각해 낸 것이 원숭이입니다.

원숭이는 동물 중에서 가장 사람과 비슷한 구조를 가지고 있으니까요.

원숭이 중에서도 특히 벵갈원숭이는 바이러스 연구에 많은 도움을 주었습니다.

동물을 사랑하는 사람들은 동물을 실험 대상으로 삼는 것에 대해서 무척 화를 냅니다.

동물도 사람과 마찬가지로 고귀한 생명인데, 어떻게 사람들이 자기의 이익을 위해서 동물을 마구 해치고 실험 대상으로 삼을 수 있느냐는 것이지요.

동물을 사랑하는 사람들의 주장은 분명히 맞습니다. 동물의 생명도 사람의 생명처럼 귀하지요.

그러나 병원체인 바이러스 연구를 하지 않으면, 사람은 물론 동물들까지도 해를 입게 됩니다.

바이러스가 사람에게만 병을 옮기는 것은 아니니까요.

동물에게는 사람처럼 관찰하고 연구할 능력이 없습니다. 생각하는 힘이 사람보다 훨씬 못하기 때문입니다.

사람은 동물이나 식물을 실험 대상으로 삼습니다. 하지만 사람들은 실험에서 일어나는 현상을 관찰하고 분석하여 나쁜 상황을 좋은 상황으로 바꾸기 위해 연구하고 노력합니다.

만약 사람이 원숭이보다 멍청한 존재였다면 어떻게 될까요?

여러 가지 과학이나 기술 연구는 원숭이들이 하고, 사람은 원숭이들의 실험 대상이 될 수도 있을 것입니다.

그러나 현실은 그 반대입니다.

사람은 다른 동물들보다 뛰어난 지능을 이용해서 여러 가지 사실을 관찰하고 연구해서 좋은 환경을 만들고자 노력하고 있습니다.

이것은 자연의 질서를 지키는 일입니다.

자연계의 모든 질서는 서로에게 주어진 임무를 충실히 함으로써 서로서로 살아가는 데 도움을 주는 것입니다.

실험과 연구에 몰두해 있는 과학자들이나, 실험대상으로 뽑혀 인플루엔자 바이러스 주사를 맞고 독감에 걸려 있는 벵갈원숭이나 모두 자연과 사람을 위해서 공동으로 훌륭한 일을 하고 있는 것입니다.

바이러스 연구를 위해서 실험 대상이 된 동물들은 고슴도치나 마우스, 페리트, 계란 등이 있습니다.

이러한 실험 대상들을 통해서 바이러스 연구는 눈부신 발전을 보였고, 갖가지 병을 예방할 수 있는 주사약이 개발되었습니다.

1935년 영국의 과학자인 스탠리가 바이러스를 처음으로 잡아 낸 것은 바이러스 연구에 커다란 발전의 계기가 되었습니다.

바이러스의 종류는 무척 많습니다.

스탠리가 잡아 낸 바이러스는 담배 잎의 병원체인 담배 모자이크 바이러스입니다. 담배 모자이크 바이러스는 다른 바이러스에 비해서 무척 튼튼한 구조를 가지고 있습니다.

다른 바이러스들, 특히 사람이나 가축에게 병을 일으키

는 바이러스들은 성질이 몹시 까다롭습니다.

게다가 형태도 망가지기 쉬워서 산 채로 잡아내기가 무척 어려웠습니다.

그러나 과학 기술은 눈부신 발전을 이루었습니다. 바이러스를 잡아내는 방법도 자꾸 개발되었습니다.

그래서 얼마 뒤에는 아주 예민한 바이러스까지 산 채로 잡아 낼 수 있게 되었습니다.

이러한 방법을 통해서 우두나 인플루엔자, 소아마비 바이러스 등 무서운 병의 바이러스들이 순수한 상태로 추출되었습니다.

바이러스의 크기는 대체 얼마나 작을까요?

바이러스 하나의 크기는 만분의 일 밀리미터라고 합니다.

만분의 일 밀리미터란 우리 주위에 있는 눈금자에서 가장 작은 눈금인 일 센티미터를 만 개로 쪼갠 것 중의 하나를 말합니다.

그러니 바이러스가 얼마나 작은 것인지는 짐작하기조차 힘듭니다.

이렇게 크기가 작은 바이러스이니, 눈으로 볼 수 없는 것은 물론입니다.

광학현미경으로도 바이러스를 볼 수 없습니다.

그러므로 바이러스를 연구하기 위해서는 정밀한 전자현미경을 사용할 수밖에 없습니다.

이처럼 전자현미경을 통해서 발견된 바이러스는 약 400가지 정도가 있습니다. 이 바이러스들이 사람이나 동물에게 병을 옮깁니다.

바이러스들은 각각 특이한 모양과 크기를 갖고 있습니다.

바이러스 중에서 가장 큰 것은 천연두 바이러스와 우두 바이러스입니다.

가장 작은 바이러스는 구제역 바이러스와 아데노 위성 바이러스, 파보 바이러스 종류입니다.

바이러스의 생김새도 종류에 따라 아주 다릅니다.

담배 모자이크 바이러스는 성냥개비처럼 생겼습니다.

공처럼 동그랗게 생긴 바이러스도 있고, 벽돌처럼 네모지게 생긴 바이러스도 있습니다.

막대기처럼 생긴 바이러스도 있을 뿐만 아니라, 올챙이처럼 생긴 바이러스도 있습니다.

또한 다이아몬드처럼 생긴 박테리아도 있고, 아주 예쁜 꽃처럼 생긴 바이러스도 있습니다. 촌충처럼 길게 생긴 바이러스도 있고, 실뭉치처럼 생긴 바이러스도 있습니다.

바이러스 종류로는 큰 편에 속하는 우두 바이러스는 몇 겹의 막으로 둘러 싸여 있는 강낭콩 모양을 하고 있습니다.

크기가 작은 바이러스들은 사마귀 모양으로 모여 큰 단백질 덩어리를 이루고 있습니다.

사람에게 편도선염이나 결막염을 일으키는 아데노 바이러스의 모양은 정20면체입니다.

독감을 일으키는 인플루엔자 바이러스는 기다란 것이 구불구불하게 엉켜 있는 모양을 하고 있어서 마치 실타래처럼 보입니다.

인플루엔자 바이러스의 겉에는 수많은 돌기가 나있습니다.

사람이나 닭에 병을 일으키는 허피스 바이러스의 모양은 아주 이상합니다.

허피스 바이러스는 정20면체의 모양을 하고 있는데, 겉에는 150개의 6모뿔과 12개의 5모뿔이 나 있어서 아주 이상한 모습입니다.

그러나 허피스 바이러스의 모양에도 규칙이 있습니다. 150개의 6모뿔은 모서리와 면에 나 있고, 12개의 5모뿔은 각 꼭지점에나 있습니다.

박테리오파지의 모양은 인공위성처럼 생겼습니다. 이러한 바이러스들은 살아 있는 생물의 세포속으로 들어갔을 때부터 생명활동을 시작합니다.

생물에 붙어 있지 않을 때의 바이러스는 그냥 단백질 덩어리일 뿐입니다.

바이러스의 종류와 형태

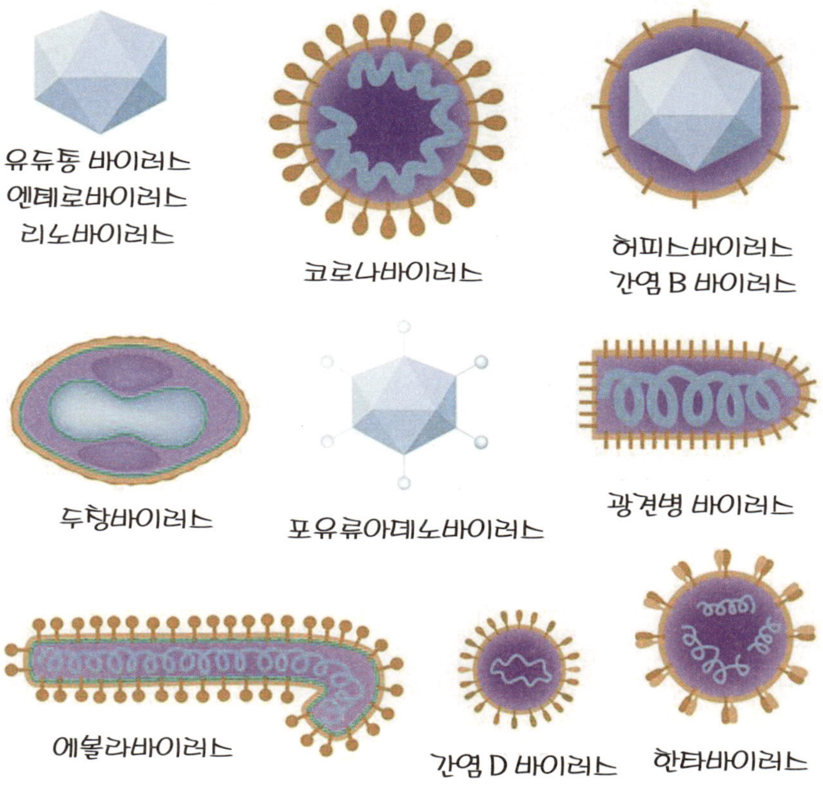

이러한 바이러스의 성질은 바이러스를 무생물이라고 생각하게 합니다.

생물의 특징으로는 에너지를 만들어 내어야 하고, 자식을 낳아야 하며, 유전을 하면서 진화해야 한다는 세 가지를 들 수 있습니다.

바이러스는 이런 기준에 맞추어 생물이라고 말하기엔 아주 곤란합니다.

바이러스는 새끼를 낳기는 하지만, 자기 혼자 힘으로 새끼를 낳지는 못합니다.

바이러스는 살아 있는 생물의 세포 안으로 들어간 후에, 그 영양분을 이용하여 새끼를 낳습니다.

그러므로 바이러스에게 새끼를 낳게 하는 것은 살아 있는 생물의 세포라고 말할 수 있습니다.

또한 바이러스는 스스로 살아가기 위한 에너지를 만들지 못합니다.

혼자 있는 바이러스는 단순한 단백질의 덩어리일 뿐입니다. 그러므로 바이러스를 생물이라고 말할 수 없습니다.

그러나 바이러스에게는 아주 중요한 특징이 있습니다.

바이러스는 유전을 한다는 것입니다.

새끼 바이러스는 부모 바이러스와 똑같은 성질을 지니고 있습니다.

또한 돌연변이가 일어나더라도, 그 성질이 새끼 바이러스에게 다시 이어져 나가며 진화해 가고 있습니다.

이 점은 바이러스가 지닌 유일하고도 아주 중요한 생물의 조건입니다.

그러나 이 하나의 조건만으로 바이러스가 생물이라고 말할 수는 없습니다.

그래서 과학자들은 바이러스가 생물과 무생물의 중간이라고 결론짓고 연구를 계속하고 있습니다.

감기는 왜 걸릴까요?

감기에 걸려 본 적이 있나요?

감기를 옮기는 것은 인플루엔자 바이러스입니다.

감기는 별게 아니라고 생각하기가 쉽습니다.

하지만 감기는 어떠한 약으로도 단번에 고칠 수 없는 이상한 병입니다.

감기에 걸렸을 때, 약국에서 감기약이라고 지어다 먹는 약은 감기를 옮기는 인플루엔자 바이러스를 죽이는 작용을 하는 것이 아니라, 인플루엔자 바이러스를 이길 수 있도록 힘을 보충해 주는 약입니다.

감기는 다른 병의 원인이 되기도 합니다.

감기가 낫지 않고 오래 가다 보면, 폐렴에 걸리기도 합니다.

감기 바이러스인 인플루엔자는 전염성이 무척 강합니다.

제1차 세계 대전이 끝날 무렵, 프랑스의 서부전선에서는 악성 감기가 발생했습니다.

이 감기는 곧 전 세계로 퍼져 나갔습니다.

이 때 전 세계에서 이 악성 감기에 걸린 사람은 약 5억 명 정도라고 합니다. 또한 이 감기에 걸려죽은 사람만 해도 2천만 명이 넘었다고 합니다. 이 유명한 감기의 이름은 '에스파니아 감기' 입니다.

에스파니아 감기가 유행한 이유는 바로 악성 인플루엔자 바이러스가 전 세계를 돌아다니며 독감을 퍼뜨린 탓이었습니다.

1892년 독일의 세균학자인 파이퍼는 감기 바이러스인 인플루엔자를 연구해서 그 결과를 발표하였습니다.

파이퍼는 인플루엔자 바이러스가 무척 온순한 성질을 지녔다고 믿었습니다. 그래서 전 세계적으로 독감이 유행할 일은 없을 것이라고 발표했습니다.

파이퍼의 연구 발표 때문에, 에스파니아 감기가 유행했을 때, 사람들은 인플루엔자가 아닌 다른 원인을 찾느라고 애썼습니다.

유명한 세균학자가 인플루엔자 바이러스를 얌전하다고 했으니, 에스파니아 독감을 전 세계에 퍼뜨린 범인은 따로 있을 것이라고 생각했던 것이지요.

에스파니아 감기가 전 세계를 돌아다닌 후로부터 10년 뒤, 인플루엔자 바이러스는 다시 영국의 란든지방을 돌며 독감을 퍼뜨렸습니다.

란든의 국립의학연구소에서는 독감의 원인을 알아내기 위해서 연구를 시작했습니다.

이 연구를 한 과학자들은 스미스와 앤드류즈와 레이들로입니다.

스미스를 비롯한 세 사람의 과학자는 독감의 원인이 인플루엔자 바이러스일 것이라고 생각했습니다. 이 세 사람의 과학자가 연구한 결과에 따라 독감을 일으키는 주 범인은 인플루엔자 바이러스라는 사실이 밝혀졌습니다.

감기의 주범인 인플루엔자가 실제로 발견된 것은 1933

년 때입니다.

인플루엔자 바이러스는 감기뿐만 아니라 여러 가지 병의 원인이 됩니다.

에스파니아 감기 때 유행했던 인플루엔자 바이러스 중의 일부는 돼지에게 들어가 돼지인플루엔자라는 병을 일으켰습니다.

돼지인플루엔자는 1920년 즈음에 미국의 중서부지방에서 유행했던 돼지의 질병입니다.

인플루엔자는 아주 특이한 성질을 지닌 바이러스입니다.

인플루엔자 바이러스가 사람에게 전염되었을 때는 아주 심한 독감을 일으키지만, 돼지에게 전염되었을 때는 아주 가벼운 증상으로 바뀝니다.

돼지 속으로 들어간 인플루엔자 바이러스는 다시 사람에게 전염되지 않습니다. 한번 돼지 속으로 들어간 인플루엔자 바이러스는 돼지들 사이만을 돌아다니며 돼지들에게만 병을 일으킵니다.

인플루엔자 바이러스는 항상 그 위력을 발휘하지 않습니다.

인플루엔자 바이러스는 병을 일으키지 않고 조용히 돌아다니다가, 갑자기 어느 한 지방에서 대단한 독감을 일으킵니다. 마치 감기를 일으킨다는 사실을 잊어버리고 있다가 갑자기 생각난 것처럼 말입니다.

인플루엔자 중에서도 돼지인플루엔자 바이러스에 대해서 연구한 과학자가 있습니다.

숍이라는 이름의 과학자입니다.

숍은 돼지인플루엔자 바이러스를 연구하면서 아주 흥미로운 바이러스의 특징을 발견했습니다.

그것은 바이러스가 환경에 맞추어 어떻게 변화하는가 하는 사실입니다.

어쩌다가 돼지 속으로 들어가게 된 인플루엔자바이러스는 돼지의 폐 속에 있는 기생충 알 속으로 들어갑니다.

인플루엔자가 몸 속으로 들어간 돼지는 금세 감기에 걸립니다.

감기에 걸린 돼지도 사람처럼 기침을 합니다.

돼지의 폐 속에 있던 기생충 알은 감기에 걸린 돼지가 기침을 하는 바람에 입까지 올라옵니다.

물론 이 기생충 알 속에는 돼지를 감기에 걸리게 한 범인인 인플루엔자 바이러스가 들어 있습니다.

돼지의 입까지 올라온 기생충 알은 다시 폐로 내려가는 것이 아니라, 돼지가 먹는 음식물과 섞여서 돼지의 소화기관으로 들어갑니다.

잠시 후, 이 기생충 알은 돼지의 똥에 섞여 밖으로 나옵니다.

이것을 먹어 치우는 것은 돼지우리에 함께 살던 지렁이입니다.

지렁이의 몸 속으로 들어간 돼지의 기생충 알은 잠시 후에 부화를 하게 됩니다. 그래서 잠깐 동안 지렁이의 몸 속에서 살게 됩니다.

이 지렁이를 다시 돼지가 잡아먹습니다.

지렁이 몸 속에 있던 기생충의 어린 새끼는 다시 돼지의 몸 속에서 자라게 됩니다. 이 기생충은 돼지의 폐로 올라가 완전한 기생충으로 자랍니다.

돼지의 폐 속에 사는 기생충 알이 밖으로 나왔다가 다시 돼지의 몸 속으로 들어가서 완전한 기생충이 될 때까지 대략 몇 개월에서 몇 년까지 걸립니다.

돼지인플루엔자 바이러스는 이 기간 동안 태연히 살아 돼지의 기생충 알과, 어린 새끼, 완전한 기생충이 될 동안까지 돼지에게 붙어 다닙니다.

이 기간 동안 돼지는 건강하게 지냅니다.

그러나 어떠한 자극을 받던가, 아니면 다른 세균의 침입을 받았을 때부터 돼지는 돼지인플루엔자의 공격을 받게 됩니다.

그리고는 곧 그 지방에 돼지 인플루엔자가 유행하게 되는 것입니다.

돼지에게 전염된 후로는 사람에게 아무런 영향력도 미치지 못하는 돼지인플루엔자 바이러스지만, 그 모양은 사람에게 유행하는 인플루엔자 바이러스와 쌍둥이처럼 똑같은 구조와 성질을 지니고 있습니다. 그런데도 불구하고 돼지 인플루엔자 바이러스는 사람에게 아무런 병도 옮기지 않으니, 정말 신기한 일입니다.

인플루엔자 바이러스가 감기의 주범이라는 사실은 분명합니다.

하지만 감기라는 병 자체도 절대로 간단한 병은 아닙니다.

감기의 증상은 주로 열이 나고, 코가 막히며, 목이 아프다가 기침이 나오는 것이 대부분입니다.

감기는 바람이 부는 날에 주로 유행합니다.

인플루엔자 바이러스가 바람에 의해 더욱 활발하게 전파되기 때문입니다.

하지만 감기에 걸리는 원인을 자세히 따져 보면, 인플루엔자 바이러스 외에도 여러 가지 바이러스가 있다는 사실을 알 수 있습니다.

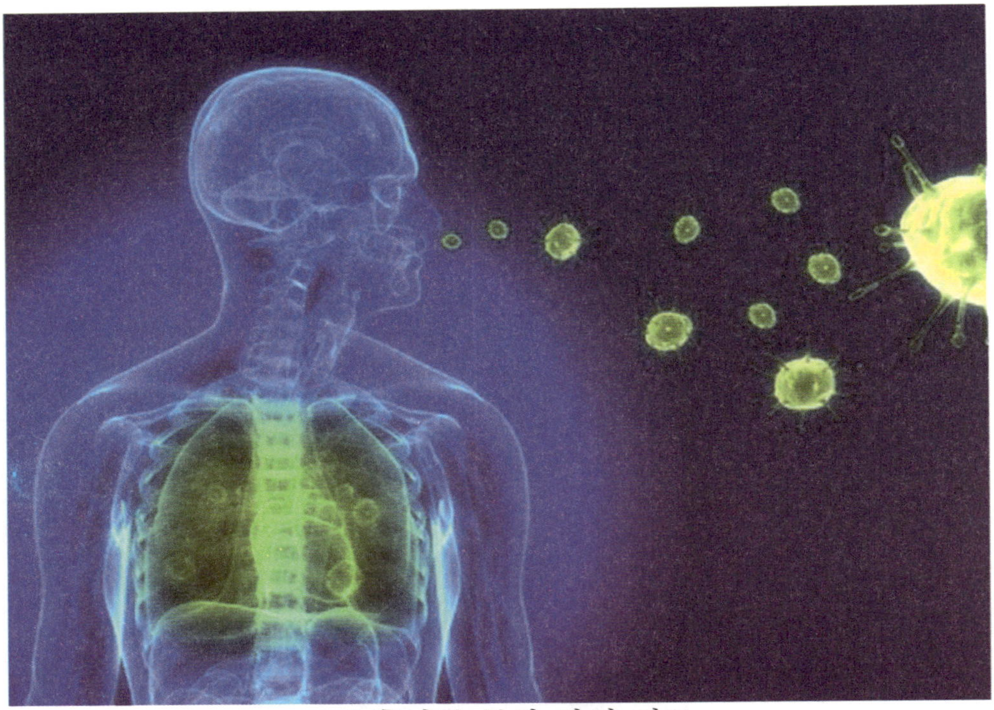

▲호흡기를 통한 감염 경로

어린이 감기의 가장 큰 원인은 호흡기신시튬이라는 바이러스입니다.

또한 감기 중에서도 가장 흔한 코감기는 라이노 바이러스가 주범이라는 연구가 있습니다.

또한 콕시키나 애코 바이러스, 또한 레오 바이러스 등도 감기를 일으키는 범인이라고 말할 수 있습니다.

그러므로 감기는 여러 가지 바이러스들이 복합적으로 침입해 들어온데다가, 또 다른 미생물까지 침입해 들어왔을 때 걸리는 정말 복잡한 병이라고 말할 수 있습니다.

하지만 감기의 주범으로 꼽히는 것은 역시 인플루엔자 바이러스입니다.

그래서 지금은 세계적으로 독감이 유행할 징조가 보이기만 하면, 아예 "인플루엔자 주의보"가 내려집니다.

인플루엔자 주의보는 태풍 주의보처럼 전 세계적으로 합동체제를 이루며 선포됩니다.

인플루엔자 주의보에는 인플루엔자 바이러스가 활동하고 있으니, 감염되지 않도록 주의하라는 뜻이 들어 있습니다.

그러므로 인플루엔자 주의보가 내렸을 때는 주위 환경을 잘 소독해야 할 뿐만 아니라, 반드시 물을 끓여 먹어야만 합니다.

또한 밖에 나갔다가 집안으로 들어왔을 때 손을 깨끗이 씻어야 하는 것은 기본적으로 지켜야 할 일입니다.

바이러스가 일으키는 병

바이러스는 병을 옮기는 병원체입니다.

바이러스에 의해서 생기는 병은 아주 많습니다.

바이러스는 사람뿐만 아니라 가축이나 야생동물, 곤충, 식물에게까지 병을 일으킵니다.

바이러스가 처음 발견된 것은 소에게 걸리는 구제역이라는 병과 황열이라는 병이 유행하면서부터입니다.

바이러스는 생물에 붙어 있지 않을 경우에는 살아 있는 것이라고 말할 수 없습니다. 아무런 활동도 하지 않기 때문입니다.

생물에 붙어 있지 않고 밖으로 나와 있을 때의 바이러스는 마치 돌멩이와도 같습니다.

그러나 일단 생물의 몸에 침투하기만 하면, 바이러스는 맹렬하게 움직이기 시작합니다.

소아마비도 바이러스가 일으키는 무서운 병 중의 하나입니다.

소아마비는 사람에게만 걸리는 병입니다.

소아마비 바이러스는 사람의 내장 속에서 자란 다음, 사람의 배설물을 통해서 다른 사람에게 옮겨집니다.

그러므로 소아마비 바이러스는 소아마비 환자의 똥 속에 들어 있게 마련입니다.

소아마비 환자의 배설물을 잘 처리하지 않으면, 이 속에 들어 있던 소아마비 바이러스가 물 속으로 흘러 들어가던지, 아니면 땅 속으로 흘러 들어가서 다른 사람의 입을 통해서 전파됩니다.

건강한 사람의 피 속으로 흘러 들어간 소아마비 바이러스는 즉시 마비 증상을 일으킵니다.

감기를 일으키는 바이러스인 인플루엔자 바이러스나 홍역을 앓게 만드는 바이러스는 사람이 내쉬는 숨을 통해서 밖으로 나와 공기를 통해서 다른 사람에게 전염됩니다.

사람과 짐승에게 번갈아 가면서 병을 일으키는 바이러스도 있습니다.

바로 광견병을 일으키는 바이러스입니다.

광견병은 원래 개의 전염병입니다.

하지만 미국 등의 나라에서는 흡혈 박쥐나, 늑대 및 다른 야생 동물도 광견병에 걸린다고 합니다.

광견병에 걸린 짐승들이 사람을 물었을 때, 광견병 바이러스는 얼른 사람에게 옮겨 붙습니다.

광견병 바이러스의 침입을 받은 사람은 미친개의 증상을 보입니다.

광견병은 개로부터 사람에게 전염되지만, 사람으로부터 다시 개에게로는 전염되지 않습니다. 또한 사람으로부터 다른 사람에게 전염되지도 않습니다.

즉, 광견병에 걸린 사람이 다른 사람에게 광견병을 전염시키지는 않는다는 것입니다.

광견병은 개로부터 사람에게 전염되는 아주 무서운 병입니다.

곤충을 통해서 사람에게 전염되는 바이러스로는 아보바이러스가 있습니다. 아보바이러스는 황열이라는 무서운 병을 옮깁니다.

황열을 일으키는 아보바이러스를 전염시키는 범인은 모기입니다.

모기는 황열에 걸린 사람과 건강한 사람의 사이를 왔다 갔다 하며 병을 전염시킵니다.

황열은 바다와 가까이 있는 항구도시에서 많이 발생했습니다.

1920년 경, 중남미에 있는 나라에서는 황열을 옮기는 열대무늬모기를 철저히 소독으로 박멸시켜 황열을 모두 없앴다고 자랑스럽게 발표했습니다.

그러나 1930년이 되자, 아마존 지역에서 정글황열이라는 새로운 바이러스가 발견되었습니다.

황열 바이러스는 정글 깊숙한 곳에 사는 각종 원숭이들과, 여러 종류의 모기들 사이를 왔다 갔다 하면서 병을 전염시켰던 것입니다.

정글 속에서 돌아다니던 황열 바이러스는 정글에 출입하는 나무꾼이나 사냥꾼에 의해서 바깥세상으로 나오게 되었습니다.

나중에는 아프리카 지방에서도 정글 황열이 발생했습니다.

이곳에서 사는 원숭이나 모기의 종류는 아마존지역에서 사는 종류와 전혀 다릅니다.

그런데도 정글황열이 아마존 지역과 똑같이 발생했던 것입니다.

아프리카뿐만이 아닙니다.

황열은 도시 지역에서도 발생했습니다.

그러므로 황열이라는 전염병은 정글 지방의 깊은 산림 속에서 살던 황열 바이러스가 정글을 오가던 사람이나 모기를 통해서 바깥세상으로 전파되었다고 볼 수 있습니다.

바이러스는 자기에게 주어진 환경에 맞춰서 변화하며 사는 특성을 지녔습니다.

황열 바이러스도 마찬가지입니다.

아마존 지역에서 원숭이나 모기들 사이를 오가며 살 때는 그 지역의 특성에 맞추어 살았습니다. 아프리카에서 살 때는 아프리카에 맞추어 살았고, 도시로 나왔을 때는 도시의 환경에 맞추어 금세 변화하는 특성을 보였던 것입니다.

이제 황열 바이러스는 세계 어느 곳이나, 가축, 원숭이, 새, 피를 빨아 먹는 곤충, 즉 모기나 진드기, 응애 등에서 발견되고 있습니다.

모기에 의해서 전염되는 병으로는 뭐니 뭐니 해도 뇌염을 빼놓을 수가 없습니다.

특히 일본뇌염은 바이러스가 일으키는 아주 무서운 병입니다.

일본뇌염을 일으키는 바이러스는 아보바이러스의 한 종류입니다.

일본뇌염은 우리나라가 있는 아시아 대륙과 태평양에 속하는 여러 나라를 돌아다니는 전염병입니다.

우리나라에서는 한여름에서부터 시작하여 늦가을까지 일본뇌염이 유행합니다. 일본에서도 우리나라와 비슷한 때에 일본뇌염이 유행합니다.

일본뇌염을 일으키는 바이러스에 대해서는 아직 확실한 연구 결과가 나오지 않았습니다. 하지만 일본뇌염은 무서운 병임에 틀림없습니다.

새끼를 밴 돼지가 일본뇌염 바이러스의 침입을 받으면, 새끼를 잃던가, 죽는 수가 많습니다.

그래서 일본뇌염이 유행하면 돼지를 키우는 축산업자들이 많은 피해를 입습니다. 또한 일본뇌염 증세를 나타내지 않더라도, 일본뇌염 바이러스를 가지고 있는 보균자가 많습니다. 사람이나 말, 돼지 같은 많은 짐승들이 자기 몸 속에 일본뇌염 바이러스를 가지고 있는 경우가 많습니다.

일본뇌염은 사람으로부터 사람에게 옮겨가지는 않습니다.

일본뇌염은 반드시 모기를 통해서 전염됩니다.

일본뇌염을 전염시키는 모기를 큘렉스모기라고 합니다.

하지만 이상한 일이 있습니다.

한여름부터 늦가을까지 기승을 부리던 일본뇌염은 찬바람이 불기 시작하면 어느 새 꼬리를 감추고 사라진다는 것입니다.

그러나 다음 해의 여름이 되면 다시 나타나서 사람들과 짐승들을 괴롭히는 것입니다.

한겨울 동안에 일본뇌염 바이러스는 어디서 겨울잠을 자는 것일까요?

안타깝게도 그것은 아직까지 확실하게 밝혀지지 않았습니다.

과학자들은 추운 겨울 동안 일본뇌염이 숨어 있을 만한 곳에 대해서 여러 가지 추측을 하고 있을 뿐입니다.

일본뇌염 바이러스는 철새를 따라다닐지도 모릅니다.

따뜻한 지방으로 옮겨 다니는 철새의 몸 속에 보금자리를 만들어서, 겨울 동안에는 따뜻한 남쪽 지방으로 갔다가, 다시 여름이 되면 아시아 지방으로 찾아와 활동을 시작한다는 것입니다.

또한 일본뇌염 바이러스는 한겨울 동안 사람이나 말 등의 몸 속에서 잠자코 겨울잠을 자고 있을 수도 있습니다.

일본뇌염을 옮기는 모기의 애벌레 속에서 바이러스가 한 겨울을 날 확률도 있습니다.

소련에서 유행하는 뇌염 바이러스는 응애의 몸속에서 겨울을 난다는 사실이 밝혀졌습니다.

그러나 일본뇌염은 모기에 의해서만 전염될 뿐, 응애에 의해서는 전염되지 않습니다.

일본뇌염에 감염된 큘렉스모기는 평생 동안 일본뇌염 바이러스를 가지고 있습니다.

하지만 다행히도 모기는 오래 살지 못합니다.

일본뇌염 바이러스가 겨울을 나는 가장 그럴 듯한 추측은 암모기에 의해서 살아남는다는 것입니다.

늦가을에 겨우 살아남은 몇 마리의 암모기가 어두운 곳에 숨어서 겨우 겨울을 지내면서 일본뇌염바이러스를 보존한다는 것입니다.

하지만 이러한 주장들은 모두 추측일 뿐입니다.

다만 바이러스가 환경에 잘 적응하여 산다는 것만큼은 증명되었다고 볼 수 있습니다.

세균이 일으키는 병과 바이러스가 일으키는 병 사이에는 커다란 차이가 있습니다.

사람의 몸 속으로 침입해 들어간 세균은 즉시 백혈구나 다른 물질들의 대항을 받게 됩니다.

세균에 의해서 병이 걸리면, 세균이 침입한 그 주위에 염증이 생깁니다.

무릎에 상처가 난 곳을 통해서 세균이 침입했다고 합시다.

상처가 난 곳은 곧 빨갛게 변하면서 부어오르고, 나중에는 고름이 생길 것입니다.

상처가 난 곳이 빨갛게 변하면서 부어오르는 것은, 몸 속으로 침입해 들어온 세균에 대항하기 위해서 피의 성분들이 모여들기 때문에 생기는 현상입니다.

"침입자가 들어왔다. 모두 모여라!"

몸 속으로 세균이 침입해 들어온 것을 느낀 신경세포가 비상사태를 선포합니다. 그러면 백혈구를 비롯한 여러 가지 물질들이 세균이 침입한 부분으로 급히 모여듭니다.

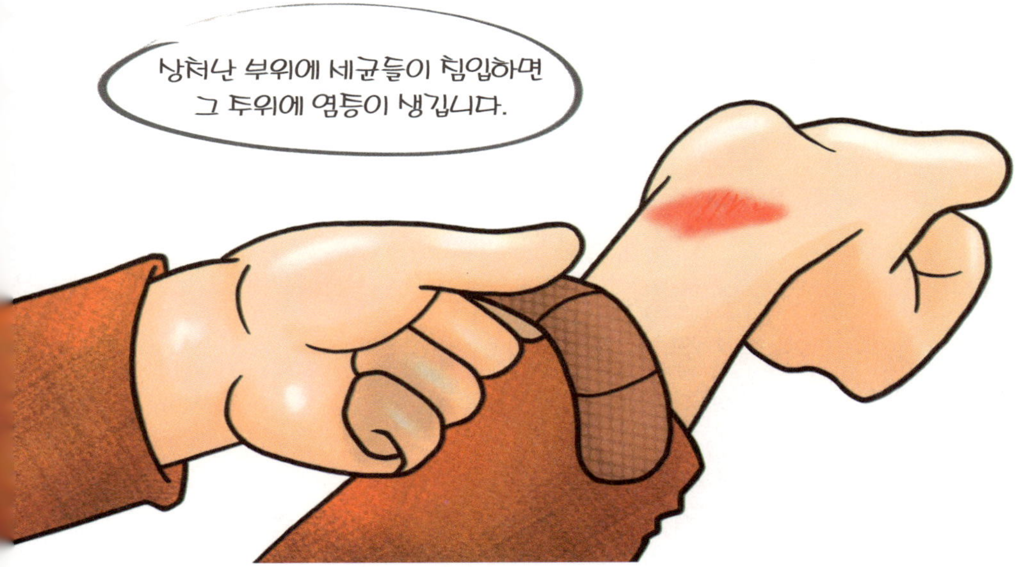

그래서 상처 부위가 빨갛게 되면서 부어오르는 것입니다.

백혈구는 침입자 세균을 맞서 용감하게 싸웁니다. 그러나 백혈구 쪽에서도 사망자가 나오게 됩니다. 세균은 역시 만만치 않은 놈이거든요. 하지만 걱정할 필요는 없습니다.

우리 몸 속에 들어 있는 백혈구의 숫자는 셀 수도 없이 많으니까요.

상처가 부어오르다가 나중에 생기는 고름은 바로 세균과 맞서 싸우다가 죽은 백혈구의 시체입니다.

그러므로 붓거나, 고름이 생기는 것은 세균의 침입에 의한 증상이라고 볼 수 있습니다.

바이러스에 의해서 생기는 병은 세균에 의해서 생긴 병과 그 증상이 다릅니다.

바이러스가 몸 안으로 침입해 들어오더라도, 우리 몸 속에 있는 백혈구는 출동하지 않습니다.

왜냐하면, 바이러스는 몸 안으로 들어가자마자 세포 속이나 림프 속으로 얼른 들어가 버리기 때문입니다.

그래서 바이러스가 일으키는 병에 걸리면, 머리가 아프고 춥거나 팔다리가 쑤시는 증세가 나타납니다.

바이러스에 의한 병에서도 종종 고름이 생기는 경우가 있습니다.

세균에 의한 병은 고름이 생긴 얼마 뒤에 대부분 새 살이 돋으면서 상처가 낫게 마련입니다.

그러나 바이러스에 의한 병은 고름이 생긴 뒤에도 낫지 않습니다.

백혈구나 바이러스와 대항해 싸운다 하더라도, 우리 몸속에 있는 백혈구들은 바이러스를 당해 내지 못합니다.

바이러스는 워낙 번식력이 강해서 백혈구보다도 더 많은 숫자의 바이러스를 순식간에 만들어 내기 때문입니다.

그러므로 주위에 있는 백혈구를 다 물리치고 난 바이러스는 서서히 피 속으로 침입해 들어갑니다.

그 다음으로는 신경 속으로 침투하여 마비를 일으키기도 하고, 통증을 일으키기도 합니다.

바이러스에 의해서 일어나는 증상으로서는 홍역이나 풍진, 수두, 천연두 같은 증세가 있습니다.

바이러스에 의해서 걸리는 병은 크게 두 가지로 나눌 수 있습니다.

첫 번째는 감기와 같이 갑자기 걸렸다가 얼마 뒤에는 낫는 병입니다.

대략 코감기 같은 것은 이틀 정도면 낫습니다.

아주 지독한 인플루엔자 독감도 대략 열이 펄펄 오른 이틀 뒤 정도면 서서히 증상이 가벼워집니다.

감기는 열이 오르고 아프기는 하지만, 고름이 생긴다던가, 몸이 어디가 파괴되지는 않습니다.

하지만, 소아마비 같은 병은 몸 속에 들어 있는 병원체인 바이러스를 다 죽인 후에도, 신경이 상하여 평생 다리를

절게 되는 경우가 생깁니다.

이와는 달리, 바이러스가 아주 오랜 기간 동안 사람의 몸 속에서 살면서 병을 일으키는 경우가 있습니다.

이런 경우에는 바이러스가 침입한 즉시 병의 증세가 나타나지 않습니다.

바이러스는 사람의 몸 속에서 서서히 세력을 뻗어 나가면서, 나중에 그 위력을 발휘합니다.

이러한 종류의 바이러스로는 허피스 바이러스나 싸이토메갈로 바이러스를 들 수 있습니다.

허피스 바이러스는 정신병을 일으키는 바이러스입니다.

싸이토메갈로 바이러스는 어린 아이인데도 불구하고, 비정상적으로 몸이 커지는 거인증을 일으키는 바이러스입니다.

싸이토메갈로 바이러스는 대부분 태어난 지 3개월에서 1년 정도 되는 건강한 아기의 오줌이나 침에서 발견됩니다.

하지만 이런 바이러스가 발견되는 아기라고 해서 모두 거인증에 걸리는 것은 아닙니다. 그 중에서 단지 몇 명만이 그 무서운 병에 걸립니다.

거인증이 나타날 때는 대략 태어나서 1년이 흐른 뒤부터입니다.

그러나 안타깝게도, 이때서부터 몸 속에 침입해 들어간 싸이토메갈로 바이러스를 죽일 수 있는 방법이 없습니다.

이러한 종류의 병으로는 백혈병이나 암 등이 있습니다.

백신과 예방

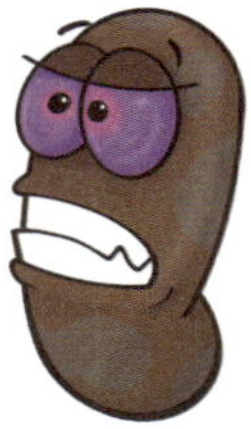

사람의 몸은 아주 신비합니다.

세균이 침입해 들어오면, 백혈구가 나와서 맞서 싸웁니다.

더욱 신기한 일은, 한번 침입해 들어온 세균이나 바이러스를 물리친 이후에는 두 번 다시 그 병원균에게는 지지 않는다는 것입니다.

우리 몸의 물질들은 한번 침입해 들어온 병원균의 특징에 대해서 단단히 기억해 둡니다.

그래서 다시 그 병원균이 침입해 들어오면, 처음부터 전쟁 태세를 갖추고는 병원균이 우리 몸에 발을 붙이기도 전에 쫓아 버립니다.

이러한 우리 몸의 특성을 면역성이라고 합니다.

면역성에는 두 가지가 있습니다.

한 가지는 태어날 때부터 우리 몸에 있는 선천성면역입니다.

선천성면역은 사람이나 동물의 종류나 특징에 따라서 조금씩 차이가 있습니다. 건강하게 태어난 아기와 약하게 태어난 아기의 면역성에는 차이가 있겠지요?

또한 엄마 젖을 먹고 자란 아기와 처음부터 우유를 먹고 자란 아기 사이에도 면역성의 차이가 있습니다.

엄마 젖 속에는 아기를 병원균으로부터 지켜 줄 면역 물질이 많이 들어 있으니까요.

면역성의 두 번째는 후천성면역입니다. 한 번 전염병을 앓고 난 뒤에 생기는 면역입니다.

어렸을 때, 수두나 홍역을 한 사람은 다시는 수두나 홍역을 앓지 않습니다. 면역이 생겼기 때문입니다.

하지만 어렸을 때 수두나 홍역을 앓지 않은 사람은 다 큰

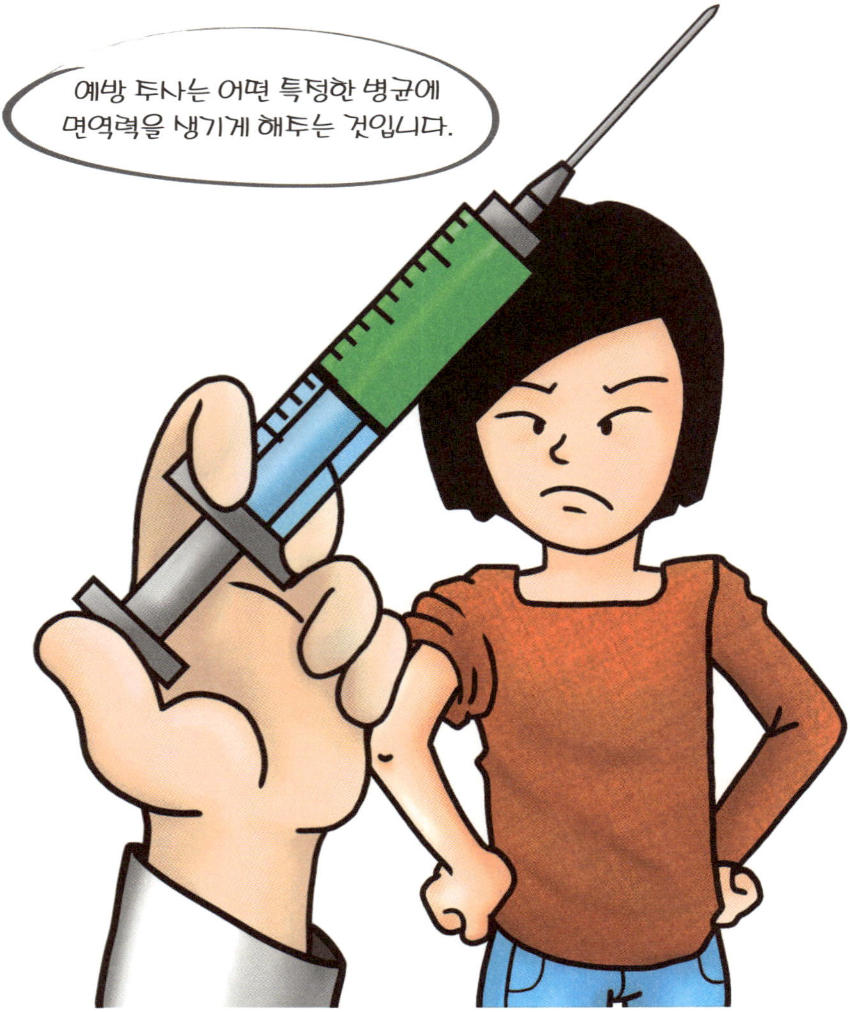

어른이 되어서 앓는 경우가 있습니다. 이런 사람에게는 면역이 없기 때문입니다.

하지만 어려서도 수두나 홍역을 앓지 않고, 커서 수두나 홍역을 앓지 않는 사람이 있습니다.

이러한 사람의 대부분은 예방 주사를 맞았기 때문입니다.

예방 주사는 어떠한 병균을 미리 조금 몸 속으로 넣어 주는 것입니다.

백혈구나 다른 물질들이 병원균과 맞서서 싸워 이길 수 있을 정도로 조금만 넣어 주는 것입니다.

몸 속으로 들어간 병원균을 맞아 싸운 백혈구 등의 물질은 그 병원균에 대해서 잘 기억해 둡니다.

다시 또 그런 병원균이 침입해 들어오더라도, 처음부터 용감하게 쫓아내 버리기 위해서입니다.

아주 어렸을 때 맞는 비시지 예방 주사나 소아마비 예방 주사, 간염 예방 주사 같은 것들이 모두 병에 대한 면역성을 길러주기 위해서 병균을 조금 몸 속으로 넣어 주는 것입니다.

이렇게 병을 앓고 난 뒤나, 예방 주사에 의해서 얻어지는 면역성을 후천성면역이라고 합니다.

어떤 병이나 그 병을 미리 예방하는 것은 아주 중요합니다.

특히 전염병을 예방하는 것은 더욱 중요합니다.

전염병은 한 사람에게서 끝나는 것이 아니라 계속 주위의 여러 사람에게 퍼져 나가기 때문입니다.

전염병은 병의 원인이 되는 세균이나 바이러스의 전파 방향을 잘 알아내는 것이 중요합니다.

그래서 전염병의 병균이 침입해 들어오겠다 싶은 곳에서

는 즉시 병균에 대한 예방을 실시해야 합니다.

병균을 전파시키는 해충들이 살아남지 못하도록 주위 환경을 소독하고, 몸 속에 있는 각 물질들에게 미리 병균에 대한 지식을 알려 주는 것입니다.

전염병이 어느 곳에서 발생되었다는 소식이 전해지면, 곳곳에서는 예방 주사를 준비합니다.

전염병은 국가적으로도 아주 중요합니다.

그래서 외국에서 들어오는 사람들에 대해서 일일이 세균에 감염되었는지 아닌지를 조사하고, 전국적으로 소독을 실시합니다.

전염병에 걸린 환자가 발견되면, 즉시 그 환자를 다른 사람들과 떼어 놓고서 병이 나을 때까지 특별치료를 실시합니다.

우리나라에서도 전염병의 발생과 유행을 방지하기 위해서 법이 정해져 있습니다. 이 병을 전염병 예방법이라고 합니다.

전염병 예방법은 모든 국민의 건강을 지키기 위해서 필요한 여러 가지 사항을 정해 놓은 것입니다.

위험한 전염병의 종류라든가, 건강 진단법, 예방접종법, 예방 시설 등에 관한 여러 가지 사항들이 전염병 예방법 속에 정해져 있습니다.

바이러스와 암

암은 아주 무서운 병입니다.

어른들 중에서는 암에 걸려 고생하거나 끝내는 목숨을 잃고 마는 사람이 많이 있습니다.

아이들에게서도 종종 암이 발견됩니다.

암은 사람이 살아가는 사회에서 가장 오래 된 병이라고 합니다.

또한 암은 인류 최후의 순간까지 살아남을 병이라고 말하는 사람들도 있습니다.

해마다 암에 걸려 죽는 사람의 숫자는 전 세계에서 약 600만 명 정도 된다고 합니다.

미국 사람은 여섯 사람 중에서 한 명이, 일본 사람은 일곱 사람 중에서 한 명이 암에 걸려 죽는다고 합니다.

우리나라의 경우에는 일 년에 10~15만 명 정도가 암에

걸리고, 이 중에서 약 4만 명 정도가 목숨을 잃는다고 대략 추측되고 있습니다.

의학기술이 눈부신 발달을 보이고 있는 요즘에는 암도 일찍 발견하기만 하면 치료할 수 있습니다

암은 도대체 어떤 병일까요?

암은 왜 생길까요?

또한 암은 어떻게 예방해야 하며, 어떻게 치료해야 할까요?

이 문제를 해결하기 위해서 많은 사람들이 연구에 전념하고 있습니다.

그러나 아직까지도 암에 대해서는 정확하게 밝혀지지 않았습니다.

다만 암이 진행되어 가는 과정에 대해서는 어느 정도 알려져 있습니다.

생명은 정해진 규칙대로 움직이는 신비한 현상입니다.

우리 몸을 이루고 있는 수많은 조직이나 세포들도, 태어날 때부터 정해진 규칙에 따라 스스로 잘 움직이고 있습니다.

그러나 어떤 세포가 암에 걸리면, 사정이 달라집니다.

이제까지 서로 잘 지켜지던 규칙은 암에 걸린 세포들로부터 하나 둘씩 배신을 당합니다.

즉, 암에 걸린 세포들은 이제까지 정해진 규칙에 순종하며 자기 일을 잘해 나가다가 어느 날 느닷없이 태도를 바꾸어 버리는 것입니다.

암의 가장 큰 문제는 세포들 간의 전염 속도가 매우 빠르

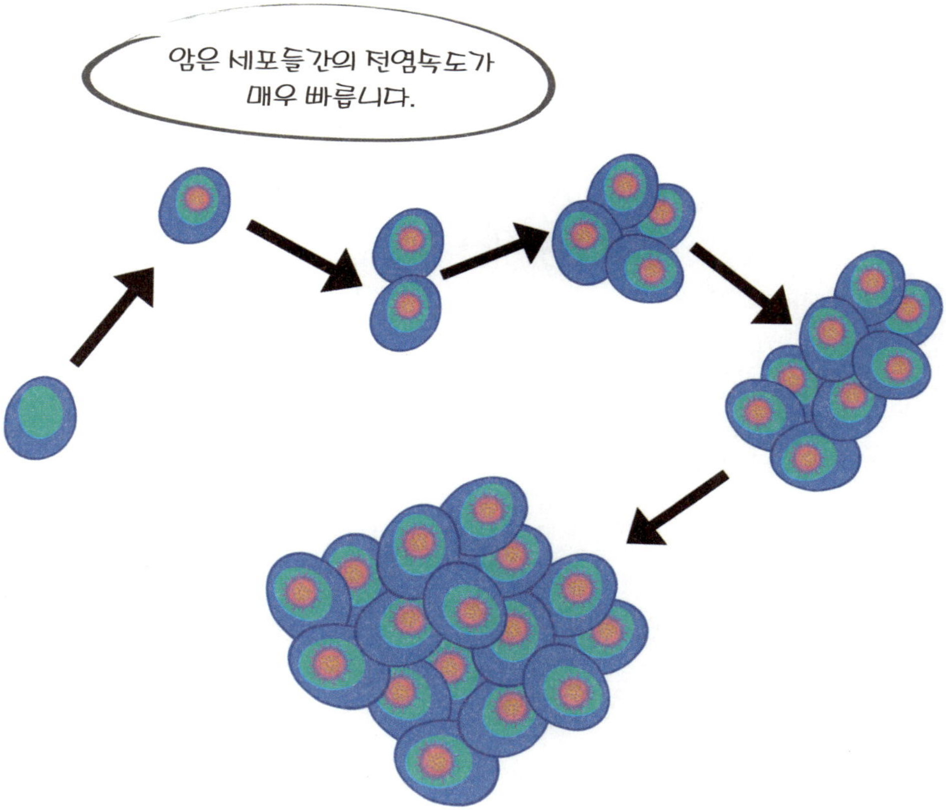

다는 것입니다.

처음에는 단 하나의 세포만이 암에 감염됩니다.

그러나 그 세포는 즉시 주위의 여러 세포들에게 암을 전파시킵니다.

결국 암은 피나 호르몬 등 온몸을 돌아다니는 물질을 타고, 전신으로 퍼지게 됩니다.

그래서 위에서 발생한 암이 뇌에까지 전파되기도 하는 현상이 일어나는 것입니다.

살아 있는 세포는 말랑말랑합니다.

그러나 암에 걸린 세포는 곧 딱딱하게 굳어 버립니다. 딱딱하게 굳은 암세포가 자꾸 모이면 혹이 됩니다.

암은 혹에서부터 시작됩니다.

하지만 우리 몸에는 여러 가지 이유로 혹이 생깁니다.

이러한 혹을 종양이라고도 합니다.

우리 몸에 생기는 혹 중에서는 아무런 해도 끼치지 않는 것도 있고, 암처럼 목숨을 앗아가는 혹도 있습니다.

우리 몸에 별다른 해를 끼치지 않는 혹을 양성종양이라고 합니다.

그러나 암세포처럼 몸에 해를 끼치는 혹은 악성종양이라고 합니다.

만약 몸의 어떤 부분에 혹이 생겼다면, 즉시 병원에 가서 검사를 해 보아야 합니다.

몸에 생긴 혹이 양성이라면 아무런 문제도 없지만, 만약에 그 혹이 악성 종양이라면 처음부터 잘라 내어 다른 세포에 암이 전염되지 않도록 해야 하기 때문입니다.

사람이나 동물의 몸을 이루는 세포에는 여러 가지 종류가 있습니다.

이와 마찬가지로 암에도 여러 가지 종류가 있습니다.

암이 몸의 어떤 부위에 생기느냐에 따라 암의 이름이 정해집니다. 위에 생기면 위암, 폐에 생기면 폐암, 간에 생기면 간암, 뼈 속에 들어 있는 골수에 암이 생기면 골수암입니다.

혀에 생기는 혀암도 있고, 발가락이나 손가락에 암이 생기기도 합니다. 이처럼 암은 몸의 구석구석까지 침투해 들어갑니다.

과학자들은 사람이나 다른 생물에게 죽음을 가져다주는 무서운 암의 원인을 알아내기 위해서 무척 노력했습니다.

과학자들은 암에 대해서 많은 연구를 한 끝에, 암을 일으키는 원인이 바이러스라는 사실을 밝혀내었습니다.

바이러스가 암을 일으키는 병원체일는지도 모른다는 의견은 1903년경에 발표되었습니다.

이 의견을 발표한 사람은 보렐이라는 사람이었습니다.

그 뒤를 이어서 라우스라는 사람도 닭에게 주로 걸리는 암을 연구한 끝에 암의 원인이 바이러스라는 사실을 밝혀내었습니다.

엘러만과 방이라는 과학자도 닭이 잘 걸리는 닭백혈병에서 바이러스를 발견해 내었습니다.

백혈병은 사람에게도 걸리는 병이지만 닭이나 돼지 등의 짐승에게도 잘 걸리는 병입니다.

백혈병은 아직까지도 확실히 고칠 수 있는 방법이 없습니다.

백혈병도 역시 암의 일종입니다.

백혈병의 특징

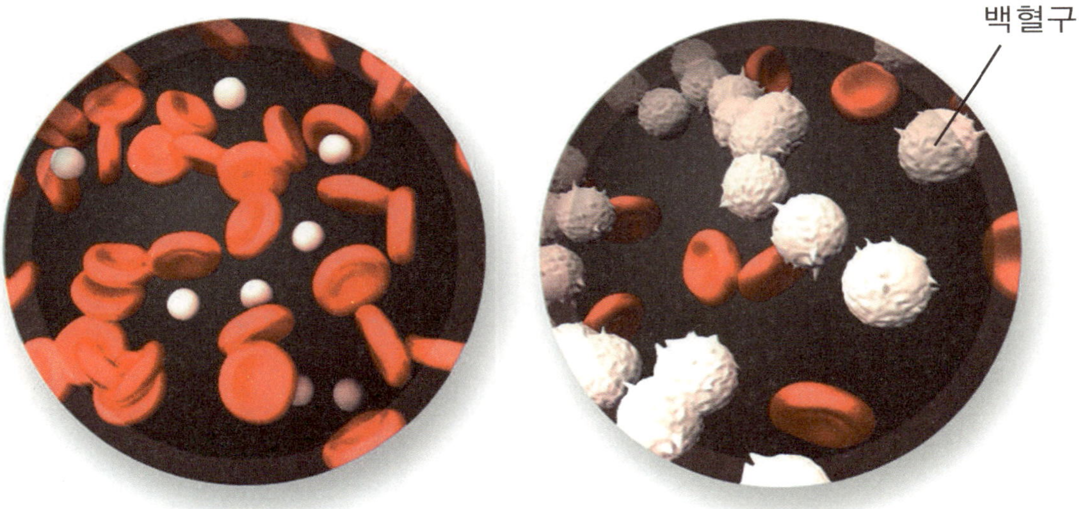

정상 혈액　　백혈병

닭의 백혈병에서 바이러스가 발견된 이후, 암의 특징인 종양 속에서는 바이러스가 자주 발견되었습니다.

닭은 물론 실험용 쥐인 마우스에게서도 암 바이러스가 발견되었습니다.

마우스는 특히 암 바이러스에게 민감하기 때문에 암이 잘 전염되는 현상까지 나타났습니다.

하지만 이렇게 전염되는 암은 주위에 같이 살고 있는 다른 마우스에게 전염되는 것이 아닙니다.

부모 마우스로부터 자식 마우스에게 전염되는 것입니다.

부모의 성격을 자식이 닮는 것은 유전이라고 합니다.

그러나 마우스의 부모와 자식 간에 이어져 내려가는 백혈병은 유전이라기 보다는 전염이라고 말하는 것이 더 옳습니다.

만약 새끼를 배고 있는 어미 마우스가 백혈병에 걸렸다면, 그 때 어미의 뱃속에 들어 있던 새끼 마우스는 거의 대부분 백혈병에 걸립니다.

그러나 건강한 어미의 몸에서 태어난 새끼 마우스는 나중에 어미 마우스가 백혈병에 걸리더라도 건강하게 살아갑니다.

그러므로 백혈병을 일으키는 암 바이러스는 새끼를 배고 있는 어미의 탯줄이나 태반을 통해서 새끼에게 전염되는 것입니다.

백혈병 외에도 짐승에게 걸리는 암의 한 종류로 마렉병

을 들 수 있습니다.

마렉병은 닭에게서 나타나는 병입니다.

마렉병을 일으키는 바이러스는 허피스 바이러스입니다.

양계장에서 기르는 닭들은 마렉병에 잘 걸리지 않습니다.

마렉병에 잘 걸리는 닭들은 시골에서 마음껏 돌아다니면서 사는 토종닭들입니다.

허피스 바이러스는 바깥에 흩어져 있는 닭의 분비물이나 똥 등에 들어 있습니다.

그래서 바깥을 자유롭게 돌아다니는 토종닭들이 마렉병에 많이 걸립니다. 마렉병은 닭의 백혈병보다는 훨씬 덜 위험합니다.

하지만 닭 백혈병이나 마렉병으로 인해서 피해를 보는 양계장이 아주 많습니다. 이러한 병들은 쉽게 전염되기 때문입니다.

양계장에서 기르는 수많은 닭 중에서 단 한 마리가 백혈병이나 마렉병에 걸렸다고 해도, 그 양계장은 순식간에 전염병에 휩싸이게 됩니다.

병에 걸린 한 마리의 닭이 주위에 있는 닭에게 전염시키고, 그 닭들이 다시 주위의 닭에게 병을 옮기기 때문입니다.

그래서 닭들도 예방 주사를 맞습니다.

그러나 닭들이 사람들처럼 태어나자마자 철저하게 예방 주사를 맞는 것은 아닙니다.

어디서 닭의 전염병이 유행했다는 소문이 들리면, 그 때 빨리 예방 주사를 맞는 것입니다.

사람이나 소, 토끼에게 종양을 일으키는 바이러스로는 폴리오 바이러스를 들 수 있습니다.

암 바이러스들은 어떻게 암을 만들까요?

암의 원인이 정말로 바이러스인지 아닌지에 대해서는 아직 확실하게 말할 수 없습니다.

다만 암 때문에 생긴 종양을 잘라 내어 조사해보면 항상 바이러스가 들어 있다는 사실은 자신 있게 말할 수 있습니다.

그러므로 바이러스가 정말 암을 만드는 것인지 아닌지에 대해서는 연구가 계속되어야 합니다.

폴리오 바이러스는 원숭이의 신장 세포에 있던 백혈병 바이러스가 마우스에게로 옮겨가는 과정에서 나타난 바이러스입니다.

그러므로 이러한 바이러스들이 정확하게 암을 일으키는 바이러스인지는 정확하지 않습니다.

암 바이러스라고 하는 이름은, 암을 일으키는 바이러스라는 뜻이 아니라, 암 세포에서 발견된 바이러스이기 때문에 붙여진 이름이라고 생각하는 것이 좋습니다.

암 바이러스는 건강한 세포에 침입해 들어와서는 독소를 내보냅니다.

암 바이러스의 독소에 젖은 세포는 금세 딱딱하게 굳어 버립니다. 뿐만 아니라, 암 바이러스는 세포에 침입하자마자 그 숫자가 수도 없이 늘어납니다. 늘어난 암 바이러스는 옆에 있는 세포로 다시 침입해 들어갑니다.

그러므로 암 바이러스의 침범을 한번 받으면, 사람의 몸을 이루는 세포들이 점점 바위처럼 딱딱하게 굳어 버립니다.

만약에 암이 초기에 발견되었다면 정말 다행한 일입니다.

암 바이러스가 있는 세포들만을 잘 골라서 잘라내어 버리면 사람에게는 아무런 해가 없으니까요.

잘라 낸 세포의 자리는 곧 새 살이 돋아 오르게 마련입니다.

그러나 암 바이러스는 피나 몸 속을 흐르는 다른 액체들을 타고 온몸으로 퍼져 나가기도 합니다.

그래서 처음에는 암이 다 나았다고 좋아하던 사람도 몇 년이 흐른 뒤에 몸 속에서 새로운 암 세포가 자리 잡고 있다는 사실을 깨닫게 됩니다. 이러한 경우에 암이 재발했다고 말합니다.

암은 짐승은 물론 사람에게 특히 많은 불행을 안겨주고 있습니다.

그래서 과학자나 의사들은 사람에게 걸리는 암을 중점적으로 연구합니다.

까맣게 태운 고기 속에는 암을 일으키는 성분이 들어 있다든지, 잘못 만든 비닐 속에도 암 성분이 들어 있다든지 하는 주장도 모두 암을 연구하는 과정에서 나타난 결과입

▲ 대기오염이나 매연도 암에 원인입니다.

니다.

담배를 많이 피우는 것도 암에 걸리는 원인이 됩니다.

암을 일으키는 것은 바이러스 외에도 많은 원인이 있을 것입니다.

공해로 가득 찬 공기도 암을 일으키는 원인이 됩니다.

그러므로 암을 연구하기 위해서 많은 과학자들이 서로 협조하면서 자기의 의견을 교환해야 합니다.

암을 일으키는 바이러스로 거의 확실하게 밝혀진 것도 있습니다.

닭이나 마우스, 고양이 같은 짐승에게 백혈병을 일으키는 바이러스는 사람에게도 똑같은 병을 일으킵니다.

이러한 종류의 바이러스를 루코 바이러스라고 합니다.

또는 사람의 몸에 침입하여 나쁜 혹을 만드는 바이러스들도 있습니다.

이러한 바이러스들은 사람의 몸 속에 있는 지방이나 뼈 속으로까지 침입해 들어가 딱딱한 혹을 만듭니다.

허피스 바이러스나 엡스테인 바이러스 같은 종류들이 사람의 암 세포에서 발견된 바이러스입니다.

요즘 들어 많이 걸리는 병으로서는 비형 간염을 들 수 있습니다.

비형 간염은 바이러스에 의해서 일어나는 병입니다.

비형 간염은 전염성이 강합니다.

그래서 사람들은 비형 간염 예방 주사를 많이 맞습니다.

비형 간염을 일으키는 바이러스는 간암 세포에서도 많이 발견됩니다.

실제로 비형 간염에 걸린 사람이 간암에 걸리는 경우도 많이 있습니다. 그래서 간염 예방 주사를 맞는 일은 필수적입니다.

이처럼 바이러스는 여러 가지 병을 일으키는 주범이기 때문에 무척 경계해야 할 존재입니다.

바이러스가 퍼뜨리는 병을 미리 예방하기 위해서 많은 약들이 개발되어 있습니다.

이러한 약들은 바이러스뿐만이 아니라, 세균이나 곰팡이가 일으키는 병까지 예방을 해 주거나 치료를 해 줍니다.

바이러스의 특징으로는 세력을 뻗어 나가는 위력에 있습니다.

바이러스가 단시간에 사방으로 뻗어 나가는 것을 막아 주는 약도 개발되었습니다.

이러한 약을 항바이러스 약이라고 합니다.

바이러스에 대항하는 약이라는 뜻이지요.

또한 전염병을 예방하기 위한 약들도 많이 있습니다.

이러한 약을 백신이라고 합니다.

간염을 예방하는 약은 간염 백신, 뇌염을 예방하는 약은 뇌염 백신, 장티푸스를 예방하는 약은 장티푸스 백신, 콜레라를 예방하는 약은 콜레라 백신이라고 합니다.

백신이 처음 발명된 때는 1798년입니다.

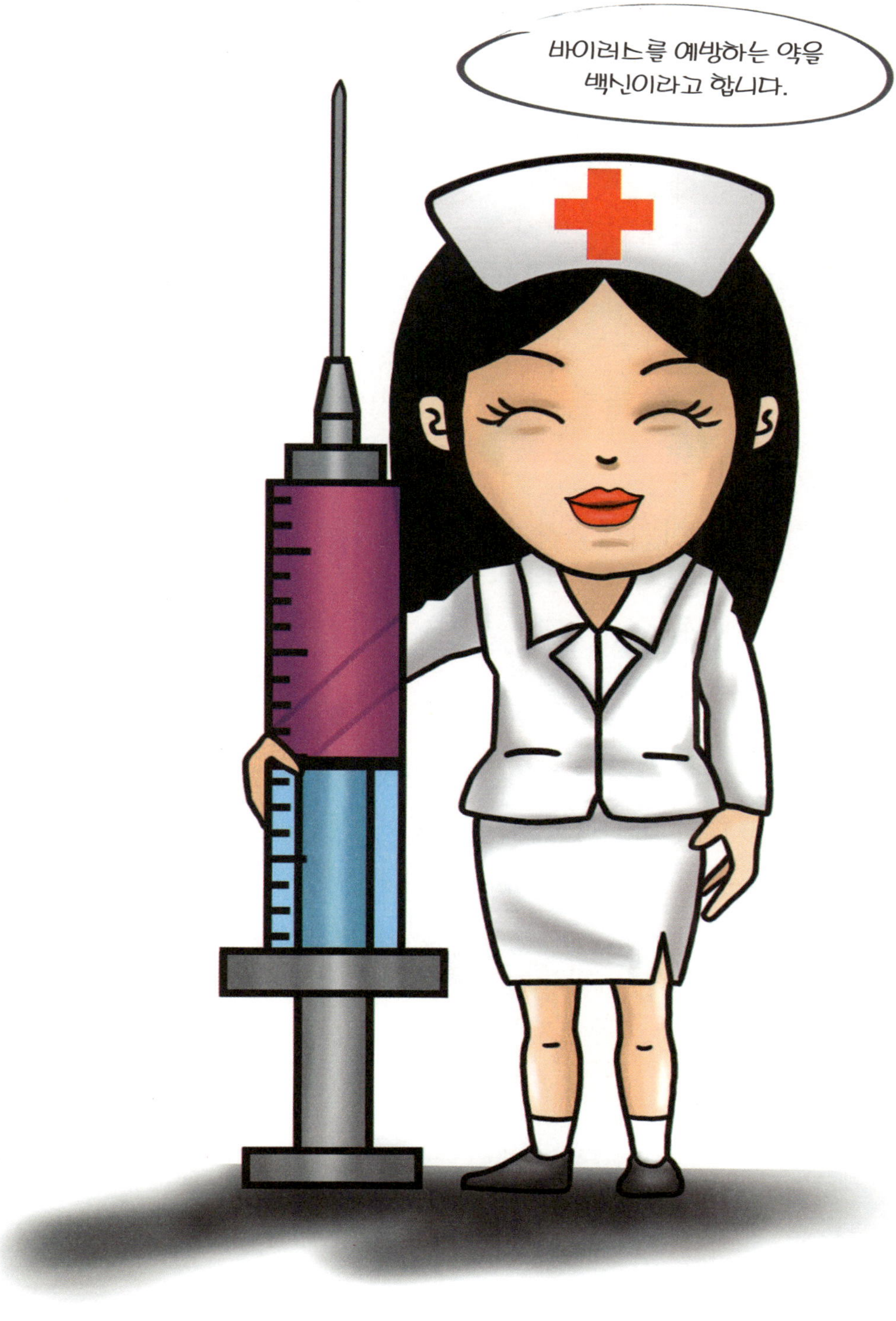
바이러스를 예방하는 약을
백신이라고 합니다.

제너라는 이름의 과학자가 살아 있는 바이러스를 조금 생물의 몸 속에 집어넣는 것으로 전염병을 예방할 수 있다는 사실을 알아내었습니다.

백신은 약한 바이러스로 만듭니다.

우리 몸에 들어갔을 때, 백혈구나 다른 물질들이 싸워 충분히 이길 수 있도록 힘을 약화시킨 바이러스로 백신을 만드는 것입니다.

힘이 약한 바이러스와 싸워 이기게 되면, 그 다음부터는 아무리 힘센 바이러스가 들어오더라도 충분히 막아 낼 수 있기 때문입니다.

하지만 바이러스 백신이 오히려 위험을 가져다주는 경우도 있습니다. 백신은 어쨌든 바이러스로 만들어지기 때문입니다.

아무리 힘을 약화시킨 바이러스라 하더라도, 바이러스는 환경에 맞추어 잘 살아 남는 특징이 있기 때문입니다.

그래서 전염병을 예방하려고 맞은 백신 주사 때문에 오히려 병을 앓는 경우도 생기는 것입니다.

그러므로 백신을 만드는 사람들은 그 약이 사람이나 다른 동물의 몸에 해를 끼치지 않는다는 사실을 보장해야만 합니다.

하지만 이와 못지않게, 바이러스 백신의 침입정도는 이겨 낼 수 있도록 튼튼한 몸을 가꾸는 것도 중요합니다.

다른 사람들은 예방 주사를 맞고서도 아무렇지도 않게

뛰어 놀고 있는데, 평소에 밥도 잘 안 먹고 운동도 잘 안 해서 약한 몸을 가지고 있던 사람이 예방 주사 속에 든 바이러스에게 져서 앓아누워 있게 된다면 어떨까요?.

그러니까 여러분들은 평소에 튼튼한 몸을 가꾸어 두어야 합니다.

튼튼한 몸을 가꾸기 위해서는 어떻게 해야 할까요?

영양가 있는 음식을 골고루 먹어야 하고, 운동도 열심히 해야 합니다.

그렇게 해서 튼튼한 몸을 가꾸었다면, 세균이나 곰팡이 바이러스 같은 병원균 같은 것은 두려워할 필요도 없겠지요.

도전 리틀과학자
위험한 세균과 바이러스

2016. 2. 25 인쇄
2016. 3. 2 발행

글 대한과학진흥회
그림 위스뉴스키 피에르
펴낸이 신 주 황
펴낸곳 스완미디어
등록 제2-4534호
주소 서울시 중구 중림동 128-15 구본빌딩
홈페이지 www.dollplaybooks.com
대표전화 02) 393-0026
팩스 02) 312-8349

ISBN 978-89-92565-81-3
ISBN 978-89-92565-70-7 (SET)

값 9,800원
※ 잘못 만들어진 책은 구입하신 곳에서 바꾸어 드립니다

C=O
NH2
CH3-CH2-CH2-CH3
CH3-COO
NO2
Al(OH)3→Al2O3+3H2O
R1
HN
N
O
CN
CN
R2
H
C
H-C
H-C
CH3C=O
NH2

C=O
NH2
CH3-CH2-CH2-CH3
CH3-COO
NO2
Al(OH)3 → Al2O3 + 3H2O
R1
HN
N
O
CN
R2
CH3C=O
NH2
H
C

C=O
NH2
CH3-CH2-CH2-CH3
CH3-COO
NO2
Al(OH)3 → Al2O3 + 3H2O
HN
N
CN
CN
CH3C
NH2